JN303075

「普通の人」が「日本株」で年7%のリターンを得るただひとつの方法

伊井哲朗
コモンズ投信代表取締役社長
Tetsuro Ii

講談社

はじめに

「預金では増えないことはわかっているが、投資は失敗続きで自信がない」

「退職金を運用しているが、損が膨らんで困っている」

「会社が確定拠出年金を導入したが、どうしたらいいかよくわからない」

そんな方が少なくありません。

安倍政権が経済成長への強い意志を示したことで長く低迷していた日本株にも光が差し込み、投資意欲を高める人が増えています。しかし、その一方で、投資に二の足を踏む人も多いようです。過去に損失を負ったり、誰かに騙《だま》されたような思いをしたり、またそれを見聞きしたりしたことなどから、「もう損したくない」「投資にいいイメージが持てない」というのが、その理由でしょう。

日本株の株価は2012年末から上昇に転じたものの、TOPIX《トピックス》（東証株価指数）はバブルのピーク時だった1989年12月末から2012年12月末までの23年間では6割の下落、同様にITバブルのピーク時の1999年12月末からの13年間では4割も下落しており、たくさんの人が大きな損失を被《こうむ》りました。

ここ数年は、若い方を中心に「コストの低いインデックスファンドやＥＴＦ（上場投資信託）で運用するのが合理的」と考える人が増えていますが、ＴＯＰＩＸや日経平均株価に値動きが連動するインデックスファンドやＥＴＦを10年間、20年間保有した人は大きな損を抱えていることになります（ＴＯＰＩＸも個別銘柄も価格の増減に配当を加えたトータルリターンで計算しています。以下同様）。

しかし、「日本株でリターンは得られない」と考えるのは大きな間違いです。

「ＴＯＰＩＸ」は東証一部に上場する全銘柄で構成される株価指数です。この大きなグループ全体ではたしかに大きく下落しましたが、個別の銘柄を見ていくと実は大きく値上がりしている銘柄も少なくありません。**２０１２年末までの13年間で株価が上昇した銘柄は１００８もあり、その数は東証一部銘柄の６割近くにのぼりますし、24％を超える銘柄については株価が２倍以上に上昇しています。**13年前に個別の銘柄を選んで投資していれば50％以上の確率でリターンが出ており、４社に１社程度は株価が２倍以上になっているというわけです。

それなのに、多くの人が「日本株は儲からない」と思っているのはなぜなのでしょうか。それは、「提供される情報の視点が一方向」だったり、「個別銘柄」を見ることよりも、「全体」や「平均」をベースに株価が語られてきたからです。

１９９９年10月に株式売買委託手数料が完全自由化され、証券会社は日本株の取り扱いでは儲からない状態になっています。手数料は自由化により30分の1程度にまで下がりました。そこで証券会社が株式営業で力を入れているのが、手数料が日本株の何倍にもなる「外国株」の販売でした。事実、市場環境によっては株式の売買関連収入の半分以上を「外国株の売買委託手数料」が占め、日本株の手数料は手数料収入のわずか2割程度という証券会社もあったようです。

「投資信託（ファンド）」も同様で、日本株に投資するファンドより、手数料率が高い新興国に投資するファンドなどが積極的に販売されています。こうした事情を背景に、「日本はダメ。日本株より海外の株式のほうが期待ができる」といったステレオタイプの論調で、情報が歪《ゆが》められて広がっています。

またメディアも、株価指数の低迷を引き合いに出して日本経済が停滞していることの象徴として伝えてきました。経済や産業がグローバル化し、利益の半分以上を海外で稼いでいる企業が増えていることを考えれば、もはや「日本株＝日本経済」とは言えなくなっています。しかし、メディアの多くはそうした状況をあまり伝えていませんし、半数以上の銘柄が値上がりしているという事実にも注目してきませんでした。

金融機関の都合で情報が歪められ、メディアも間違ったことは言っていないにせよ、事実を的確に伝えていないというわけです。

一方で、「自助努力」の必要性が高まっていることは明らかです。

経済情勢が悪化しない限り、消費税は2014年4月に8%、2015年10月には10%に引き上げられますが、それだけでは財政の健全化には不十分であり、今後、社会保障は縮小される可能性が高いと言えます。

20〜40代の現役世代は、こうした将来への不安に対して、投資信託を積立購入して「じぶん年金」や「子どもの教育資金」をつくるなど、自助努力を始めた人、始めようとしている人が増えています。

政府や企業がコントロールする公的年金や退職金を自分ひとりの力で改善させることはできませんが、自助努力は自らの意思でコントロールできるものであり、行動することで漠然とした不安を軽くするという効果もあります。しかし歪められた情報に乗ってしまえば、大きなリスクにさらされて大事なお金を減らすことになりかねません。大きくつまずくと、運用がいやになって自助努力を諦めてしまうことにもなるでしょう。

「分散投資をすれば大きな損をすることはない」という思い込みも危険です。

退職金を受け取ったある方は、「夫婦で銀行に相談に行ったら複数のファンドを組み合わせたポートフォリオを提案され、まとめて2000万円投資した。『分散投資すれば大きく減ることはない』と思い込んでいたが、円高と株価の下落で、すぐに500万円の損。相談に2時間かかったし、支店長室に通されて紅茶などでもてなされたので、買わないと悪いと思って投資してしまった」と言います。

過去のデータをもとに、分散効果が得られると謳《うた》った組み合わせを提案された場合、「損をすることもあり得る」というイメージを持ちにくいのですが、**「過去のデータ」は「今後を保証するもの」ではありませんし、世界の経済情勢は大きく変化しており、これまでのような資産分散だけでは値動きを安定させる効果は得にくくなっています。**特に、リタイアして年金以外に所得がなくなると、高値掴みをした場合のナンピン（下値での買い増し）など、その後の対応が取れなくなりますので、まとまった金額を一度に投資することは絶対にしてはいけない買い方ということです。

投資への関心が高い人の中には、中国、インド、次はアセアン、中東、アフリカなど、新興国の成長に乗ろうと考える人も多いのですが、**「旬のテーマ」を追い過ぎると、株価の乱高下に神経をすり減らしたうえに、過大な手数料を何度も払うことになりかねません。**

私たちに相談にいらっしゃる方の中にも、「投資信託を何本か買ったが、値下がりしてしまったので放置している」など、せっかくの投資が実を結んでいない人が多いですし、「これまで買ったものでは損をした。どの国を買えば儲かるのか」と、「旬のテーマ」に振り回されている人も少なくありません。「香港の銀行に口座を開くためのツアーに参加しようと考えている」という人もいますが、いささか発想が飛躍しすぎていると思わずにはいられません。

少子高齢化、財政不安など、日本経済にはたしかに多くの課題がありますが、**ぜひ知っていただきたいのは、「日本経済＝日本株」ではないということです。**

繰り返しになりますが、**海外で活躍している企業、新興国で売り上げを伸ばしている日本企業もあり、そういった企業に投資すれば、高いコストを負担したり、為替リスクを取ったりしなくても、海外の成長に乗ることは十分可能なのです。**

私はコモンズ投信という運用会社で、「コモンズ30ファンド」というファンドを運用、販売しています。「30年目線」で企業を見ることで、長期的に企業価値を高めていける本当の実力がある企業だけを選び抜き、約30銘柄に絞り込んで投資するファンドです。

投資しているのはすべて日本株ですが、リーマンショックから4ヵ月後の２００９年1月に運用を開始し、２０１３年2月末までの50ヵ月でＴＯＰＩＸ（配当込み）が30％上昇しているのに対し、66％、年平均に換算すると年15・８％（信託報酬など控除後は、年平均13・５％）のリターンを獲得しています。

日本株で年率15％というと、「ヘッジファンド？」「何千万円あれば買えるの？」などの質問を受けることもありますが、３０００円からいつでもご購入いただける、ごくごく普通のファンドです。

もっとも、この原稿を執筆している２０１３年4月現在、いわゆる「アベノミクス相場」によって、日本株を取り巻く環境は活況を呈していることは間違いありません。２０１２年11月の衆議院解散以降のわずか5ヵ月間で、日経平均株価も40％を優に超える上昇を記録しています。

しかし、この勢いのままに上がり続けるということはあり得ません。勢いはいずれどこかで落ち着きを見せるでしょうし、景気のサイクルと同様に株式市場も、やはり、「いい時」ばかりではなく「低調な時代」が繰り返しやってくることはどうしても避けられません。

このことは、投資を経験されたことがある方なら、よくご存じだろうと思います。また、バブル崩壊やリーマンショック等で過去に痛手を被《こうむ》ったことがある方であれば、なおさら身をもって感じていらっしゃるのではないでしょうか。「いい時」ばかりではないのが人生なのです。そして、平均寿命がどんどん長くなっている現代においては、皆さんの「これから」の時間への備えを、きちんとしておかなければなりません。

本書のタイトルにもあるように、「年７％」という数字にあえてこだわったのは、「いい時」も「悪い時」もすべて勘案しながらご自身の将来を組み立てるには、「年７％」が充分に「可能」であり、また「目指すべき」数字であるというメッセージをそこに込めたかったからです。株価が大きく上昇しているような現在の状況を基準に生活設計や資産設計をすべきではないのは言うまでもありません。これからの人生への備えは、やはり「長期的」な視野を持って、確実に準備していただくことを願っています。

リーマンショック後、各国が大幅な金融緩和を行ったことで、世界には実体経済とかけ離れた量のマネーが溢《あふ》れています。そのマネーの暴走によって、株価の動きも速く、大きくなっており、多くの投資家が、誰かが勝ち、誰かが負ける、いわゆるゼロ・サムゲームを勝ち抜こうと、短期売買を繰り返しています。

しかし、短期売買で勝ち続けることは不可能で、短期目線の情報に振り回されてハラハラドキドキし、結局実を結ばないといった結果に陥ることは目に見えています。

私が本書でご提案したいのは、短期目線の投資には距離を置き、ストレスを抱えることなく、じっくり続けられる投資であり、それこそが資産形成、資産運用に望ましい形だと思います。

それは、「銘柄を厳選」し、「長期目線で投資」するというものです。

長期目線で投資するためには、「長期にわたって企業価値を高めていける企業を探し」、「十分な調査を行ったうえで銘柄を選び」、「投資したあとは、成長性を失っていないかを常に検証していく」必要があります。それができれば、短期の値動きに翻弄《ほんろう》されることなく、落ち着いた投資ができます。

企業の本質的な価値を知る作業を個人が行うのは簡単ではありませんが、投資信託を使えば、投資に時間をかけることができない「普通の人」が、「日本株」で、「年平均7％程度」のリターンを実現させることは十分可能です。

日本には約4000もの投資信託がありますが、そのほとんどは販売者優位の構図で生まれ、思うような成果をあげられずにいます。投資信託に嫌気がさしている人も多く、そういった状況が長く続いていることには、金融業界に身を置く者としても憤りを感じます。それが、私が運用会社を立ち上げた原動力でもありました。

多くの投資信託は賞味期限切れとも言える状態に陥っていますが、運用を託すに値するファンドがまったくないわけではありません。ぜひ、**長期運用に値するファンドがあることを知っていただきたいと思います。**

本書では、まず日本株の現状について整理します。多くの方が日本株に期待を持てなくなった本当の理由がわかれば、日本株本来の魅力を再認識していただけると思います。

続いて、個人投資家の方々との対話や自身の経験もできる限り交えながら、なぜ多くの方がリターンを得られないのかを紐解《ひもと》き、企業価値の見極め方、長期投資に値するファンドの選び方、そして、ゼロ・サムゲームに巻き込まれることなく、普通に暮らしながら資産を育て、運用する方法について述べていきます。

最後に、グローバル経済の中で少しずつ変わってきた運用の基本、確定拠出年金との付き合い方についても考えていきます。

資産形成や資産運用は特別なことではなく、本来、誰にも必要な「生活の一部」です。歪められた情報から抜け出し、目線を先にのばして、当たり前のこととして続けられる投資の方法を見つけましょう。

投資は、あなたが考えているよりずっと身近なものです。

本書を通じて、投資は夢のある行動だと感じていただければ嬉しく思います。

2013年4月

伊井《いい》 哲朗《てつろう》

目次

第2章　長期に成長する「日本株」はこう選ぶ

第3章　あるべき「投資信託」の姿とは

第4章　リターンを得るための「投資信託」の選び方

第5章　「普通の人」がお金を育てるための11のルール

編集協力／高橋晴美

本書掲載のデータは、すべて執筆時のものです。実際に投資をされる場合には最新のデータをご確認ください。また、最終的な投資判断は、皆様の自己責任において行われますようお願いいたします。

第1章　「『日本株』では儲からない」は本当か

ＴＯＰＩＸが低迷していても、成長銘柄はこんなにある

「はじめに」で述べたように、過去の不動産バブルのピークである１９８９年末から２０１２年末の23年間で見ても、１９９９年末のＩＴバブルからの13年間で見てもＴＯＰＩＸは大きく下落しましたが、この間で値上がりしている銘柄も実は少なくありません。

１９８９年末のバブルのピークは日経平均株価が３万８９１５円と今や想像もできませんが、この時を起点としても約27％の企業に相当する４４９社は株価が上昇していますし、約10％に相当する企業は株価が２倍以上になっています。

では、なぜＴＯＰＩＸは低迷しているのでしょうか。

それは、ＴＯＰＩＸが「時価総額加重平均」という方式で計算されており、時価総額が大きい巨大企業の値動きがＴＯＰＩＸ全体に強く影響するためです。

時価総額が大きい企業は通信、自動車、電機、金融などの業種に多く、具体的には個人投資家に人気がある「ＮＴＴ」や「ソニー」「パナソニック」「トヨタ」といった企業が挙げられますが、それらの中には株価が長期的に下落している企業が少なくありません。つまり、株価が下がっている巨大な企業の影響を強く受けることでＴＯＰＩＸがマイナスで推移しているのです。

①過去13年間、23年間のTOPIXと個別銘柄の動き

	過去13年間の日本株市場 1999年12月末 〜 2012年12月末 (ITバブルのピークから)	過去23年間の日本株市場 1989年12月末 〜 2012年12月末 (株価、不動産バブルのピークから)
TOPIXのリターン（配当込み）	−39.8%	−60.9%
TOPIXのパフォーマンスで中央値にある企業のリターン	19.9%	−47.0%
プラスのリターンとなった企業数	1008社（全体の59.5%）	449社（全体の26.5%）
株価が2倍以上になった企業数	414社（全体の24.4%）	176社（全体の10.3%）

ユニバース：2012年12月末時点、TOPIX採用銘柄
＊調整株価は、2012年12月末基準。途中上場銘柄については、上場日〜2012年12月末で計測

●過去13年間の主な値上がり上位銘柄

- 日揮（1136%）、アシックス（1105%）、住友不動産（856%）、久光製薬（804%）、ツムラ（639%）、マキタ（473%）、コマツ（464%）、ニトリ（300%）、JT（274%）、シマノ（258%）、ロート（251%）、堀場製作所（216%）、クボタ（211%）、三菱商事（163%）、日産（157%）

●過去23年間の主な値上がり上位銘柄

- ニトリ（1133%）、久光製薬（755%）、ヤマダ電機（549%）、ユニ・チャーム（534%）、日本電産（455%）、キーエンス（418%）、参天製薬（367%）、ホンダ（346%）、ケーズ（305%）、しまむら（288%）、キヤノン（277%）、信越化学（269%）、ピジョン（267%）、シマノ（256%）、HOYA（208%）

とはいえ、上昇している銘柄は新興企業や知る人ぞ知る銘柄ばかりというわけではありません。創業から50年、100年といった老舗《しにせ》企業の中にも、堅実に成長を続けている企業があります。過去23年間の値上がり上位には「ユニ・チャーム（約6倍）」「久光製薬（約8倍）」「キヤノン（約4倍）」「ホンダ（約4倍）」「信越化学（約3倍）」などの有名企業が名を連ねています。過去13年間では「アシックス（約12倍）」「住友不動産（約10倍）」「ツムラ（約7倍）」など、誰もが知っている会社が入っています。歴史のある企業、有名企業の中にも株価が5倍、10倍になっている企業があるのです。（図①）

成長している企業が多く存在することを意外に感じる人が多いかもしれませんが、すべてまぎれもない事実であり、それが日本株の本当の姿です。株式市場という「森全体」の生育状況はけっしてよくないものの、森の中に分け入ってみれば、根を張って大きく成長している木がたくさんあることを、まずは知っていただきたいと思います。

株価指数は成長銘柄の動きを反映していない

米国では失業率7％台、就職を諦めた人を含めれば20％とも言われ、景気は楽観できる状況ではありません。しかし、ニューヨーク市場の代表的な株価指数である「ニューヨーク・ダウ（N

Yダウ）」は、２０１３年3月に史上最高値を更新しています。

景気が必ずしもよいとは言えない米国の株価指数が上昇したのは、こうした経済状況の中でも業績を伸ばしている会社が指数を押し上げているからです。

ＮＹダウは30銘柄で構成されており、そのうち、「インテル」や「マクドナルド」「ＨＰ（ヒューレット・パッカード）」「エクソンモービル」「ファイザー」「ジョンソン・エンド・ジョンソン」など16銘柄は、売り上げの５割以上をアメリカ以外の国からあげています。インテルにいたっては海外売上比率が８割以上です。アメリカの景気が悪くても新興国で利益をしっかり稼ぐことができる企業の株価が上昇しているから、ＮＹダウが上昇しているのです。（図②）

自国の景気がよくなくても海外で売り上げを伸ばすことは可能です。グローバル化が進む中、「企業の国籍」と「企業の事業領域」はイコールではなく、企業は自国の経済状況にかかわらず、世界で稼ぐことができるのです。米国の景気が低迷する中でもＮＹダウが上昇しているのは、その証《あかし》とも言えます。

銘柄を選定しているのはビジネス紙として有名な『ウォール・ストリート・ジャーナル』で、成長性の高い、いい銘柄が選ばれています。余談ですが、新興国で稼いでいる銘柄が多いことから、金融業界の中には、「ＮＹダウは『新興国株ファンド』だね」と言う人もいるほどです。

日本企業にも海外で売り上げを伸ばしている企業は少なくありませんが、日経平均は２０１３

②NYダウ銘柄の海外売上高比率

銘柄名	米国以外での売り上げが50%以上の企業
アルコア	◎
アメリカン・エキスプレス	
ボーイング	
バンク・オブ・アメリカ	
キャタピラー	◎
シスコシステムズ	
シェブロン	◎
デュポン	◎
ウォルト・ディズニー・カンパニー	
ゼネラル・エレクトリック（GE）	
ホームデポ	
ヒューレット・パッカード（HP）	◎
アイ・ビー・エム（IBM）	◎
インテル	◎
ジョンソン・エンド・ジョンソン（J&J）	◎
JPモルガン・チェース	
ザ コカ・コーラ カンパニー	◎
クラフトフーズ	◎
マクドナルド	◎
スリーエム（3M）	◎
メルク	◎
マイクロソフト	
ファイザー	◎
プロクター・アンド・ギャンブル（P&G）	◎
エーティーアンドティー（AT&T）	
トラベラーズ	
ユナイテッド・テクノロジーズ	
ベライゾン・コミュニケーションズ	
ウォルマート・ストアーズ	
エクソンモービル	◎

2012年6月現在

③TOPIXとTOPIXコア30の値動き

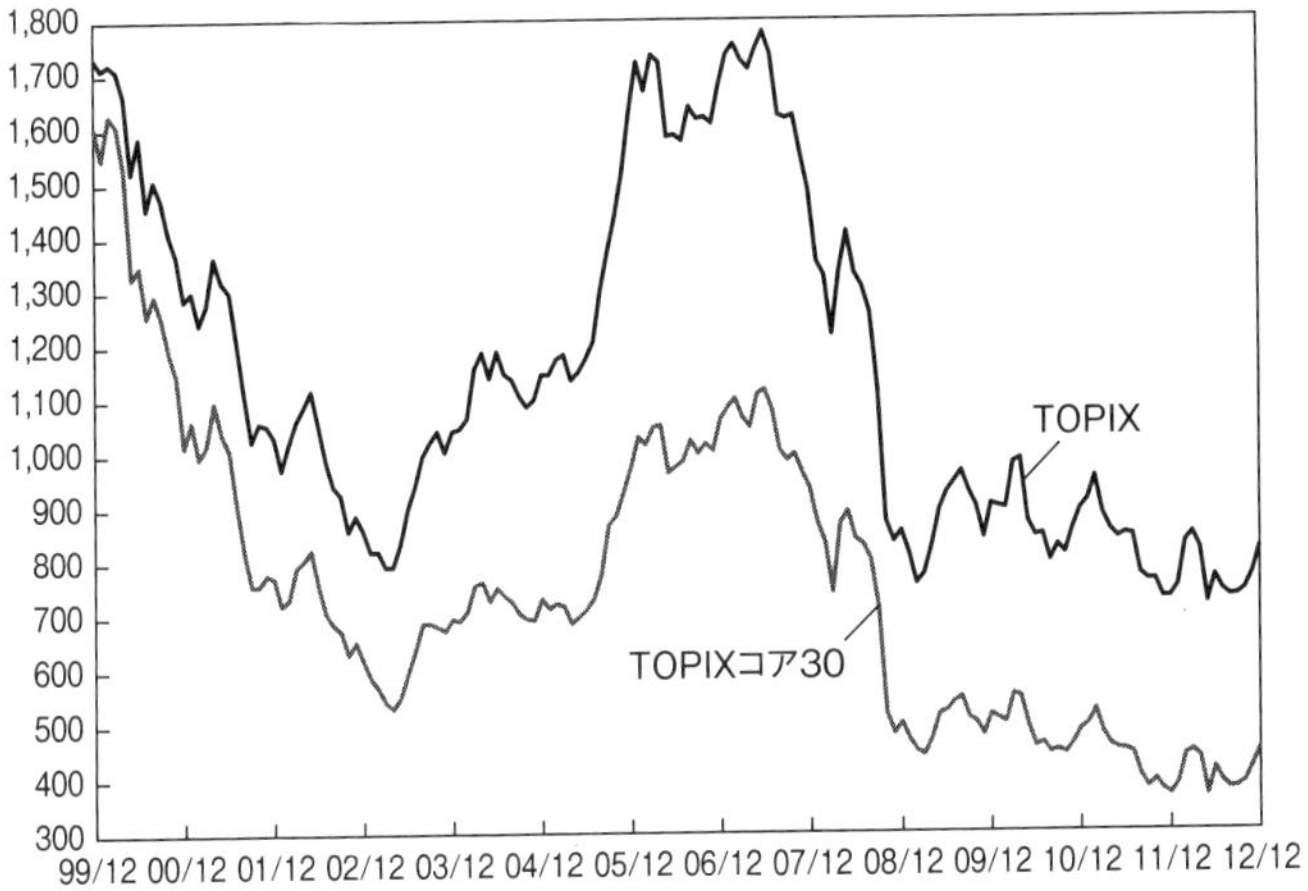

＊東京証券取引所データより作成

年3月にようやくリーマンショック前の水準（1万2214円）を回復しましたが、TOPIXは2013年3月現在、まだ到達していません。先進各国には大きく出遅れたままです。

「NYダウは30社の株価指数であり、東証一部全銘柄の株価を反映するTOPIXや、225社の株価を反映する日経平均と並べて語るのはおかしい」と思う人もいるでしょう。

実は日本にも、30銘柄で構成される「TOPIXコア30」という株価指数があります。

銘柄数はNYダウと同じ30銘柄。「それなら指数も上昇しているのでは」と期待したいところですが、実際にはTOP

④TOPIX コア30銘柄の海外売上高比率

銘柄名	日本以外での売り上げが50%以上の企業
日本たばこ産業	
セブン&アイ・ホールディングス	
信越化学工業	◎
花王	
武田薬品工業	◎
アステラス製薬	
新日鐵住金	
小松製作所	◎
日立製作所	
東芝	◎
パナソニック	
ソニー	◎
ファナック	◎
日産自動車	◎
トヨタ自動車	◎
本田技研工業	◎
キヤノン	◎
三井物産	
三菱商事	
三菱UFJフィナンシャル・グループ	
三井住友フィナンシャルグループ	
みずほフィナンシャルグループ	
野村ホールディングス	
東京海上ホールディングス	
三菱地所	
東日本旅客鉄道	
日本電信電話	
KDDI	
NTTドコモ	
ソフトバンク	

2012年3月末現在

IX以上に下落しています。（図③）

TOPIXコア30の構成銘柄は東京証券取引所が選定しており、選定の基準は「時価総額」や「流動性」です。ひと言で言うと「巨大企業」です。なかには海外売り上げが50％を超え、株価が上昇している銘柄もありますが、金融、自動車、通信など業種が偏っていたり、成長が鈍化している企業も名を連ねています。（図④）

もし、日本にもNYダウのように成長銘柄だけで構成される株価指数が存在し、それが株式市場を表す代表的な株価指数として認識されていれば、日本株にも上昇している銘柄があることを多くの人が認識できたかもしれません。

メディアは日本株の成長性を見逃している

先述のとおり、「日米とも景気はよくないが、一部の企業は成長している」というのが日米の景気や企業業績の正確な見方です。しかし、私がお会いする新聞記者や金融業界の関係者の多くが、「日本は景気が悪いから株価も低迷している」「米国は景気が回復しそうなので株価が上昇している」と思い込んでいるように見えます。

それは、無意識のうちに「国の経済＝株価」という図式が刷り込まれているからでしょう。

先述のとおり、NYダウはまさに米国を代表するグローバル優良企業30社の株価を表す指数であり、必ずしも「米国全体の景気」を反映しているわけではありません。

逆に、TOPIXは東証一部に上場している成熟した企業と、成長企業も含んだ「平均」です。言い換えれば、その中に「成長企業が埋もれている」のです。

金融業界の人やプロの運用者からも「そういう見方をしたことはなかった」と言われることがあります。このように巨大企業を中心に構成された指数を見て国の経済を語ることや、全体や平均だけを見て株価を語ることは、少々短絡的だと言わざるを得ません。グローバル化した経済においては、「国別」に企業を見ていくこと自体が時代遅れになってきています。

メディアもこうした状況をなかなか正確に伝え切れていません。

現在、日本企業が保有する現預金は過去最高の214兆円（日銀の資金循環統計による）にのぼり、加えて歴史的な円高でもありましたから、保有する資金を生かし、成長の機会を求めて海外に進出する企業が増加しています。中国に進出している企業は3万社を超えているほか、外国企業を買収する件数も増えるなど、世界の成長を取り込むためにグローバル化を図る日本企業は増加傾向にあります。しかし、こうしたことは大きなニュースとして伝えられることはあまりありません。

逆にメディアは、日本経済を牽引してきた重厚長大な企業の話題を優先的に取り上げたがる傾向があります。重厚長大産業が停滞している中では、どうしても「リストラ」「撤退」「縮小」「破綻《はたん》」など、暗い内容のものが多くなります。そうした悪い話のほうが読む側の意識に強く訴えることができるといった事情もあるのか、知らず知らずのうちに暗いイメージが植えつけられているように思えます。

暗いニュースが多く、明るい話題は伝えられず、株価指数は下落している。そのうえ給料が上がっていないとなれば、人々の自国に対する心理は当然冷え込みます。

新興国に低賃金の労働者が多く存在することから、日本でも賃金は抑えられる傾向にありますし、給料から天引きされる厚生年金保険料や健康保険料などが増え、ますます手取り額が減っている人も少なくありません。これらのことも「日本株には期待できない」というイメージに拍車をかけています。

個人投資家にアドバイスをする専門家の中には、「低成長の日本ではなく、高成長が期待できる新興国の株式にリターンを求めたほうがいい」という人も少なくありません。これも日本株を否定する考え方です。

しかし、新興国の成長を享受するためには、その地域への直接投資以外に、「その地域で成功している先進国企業」に投資をするルートがあることを知らなければなりません。まして、その地域の成長を享受している日本企業に投資すれば、為替リスクを直接自身で負う必要がなくなり、しかも、その企業の業績やニュースのフォローも新興国企業に比べてはるかに容易です。

日本株の中にも上昇銘柄があることは、『会社四季報』を見るだけでも簡単に気づくはずです。『会社四季報』は上場企業の決算データなどが網羅されたデータ本で、パラパラとめくって眺めるだけでも、株価が右肩上がりになっている業績好調な企業が少なくないことがわかります。

簡単に気づくはずのことが見過ごされ、成長企業の存在を知る機会、そして日本株でリターンを得る機会が失われていることは、とても残念なことです。

証券会社が日本株を勧めない理由

メディアや個人投資家の多くが成長企業の存在に気づかないもうひとつの理由に、「証券会社が日本株を積極的に売ろうとしていない」ということが挙げられます。

さまざまな金融商品があるとはいえ、資本市場にコミットしている証券会社にとって「株式」は大切な商品であるはずです。であるにもかかわらず日本株を積極的に勧めていないのは、証券会社にとって、日本株は「儲けが少ない商品」だからです。

米国では1975年から20年ほどかけて株式の売買委託手数料の自由化が進み、その過程で、ウ「売買」ではなく「資産残高」に応じて手数料が決められるサービスが生まれたり、ディスカウントブローカーやネット証券が登場するなど、長い年数を経て証券会社はビジネスモデルを変え、投資家には多くの恩恵がもたらされました。日本では20年以上遅れて１９９８年から自由化が始まり、99年には完全自由化となりましたが、日本の手数料引き下げは「必ずしも投資家のためになっていない」というのが私の見方です。

当時、私は大手証券会社で働いており、手数料自由化後のビジネスモデルを検討していました。証券各社では米国の取り組みを研究し、どう対応すべきかを模索していましたが、結果的にうまく対応ができませんでした。自由化直後の１９９９年頃は、ＩＴバブルで売買が活発に行われており、手数料を下げても取扱件数の増加で賄えたのです。これがかえって災いとなり、旧来の株式手数料に依存するビジネスからは脱却できませんでした。

しかし、ＩＴバブル崩壊後はネット証券のサービスが拡充してくるのと併せて、手数料引き下げ競争も過熱し、手数料は自由化前に比べて大きく下がっていきました。

たとえばある大手ネット証券の場合、日本株の売買手数料は約定《やくじょう》金額10万円までなら１４５円、20万円までなら１９４円、50万円までなら３５８円、１００万円でも６３９円です。手数料が自由化される前は１００万円の売買で手にすることができた手数料は1万１５００円でしたから、18分の1まで減ってしまったことになります。別のネット証券の中には、１００万円で３０

0円台の手数料といった例まであります。まさに牛丼戦争どころではなかったわけです。

利用者側には、取引コストにおいてたいへん大きなメリットがありましたが、こうしたネット証券の台頭によって従来型の証券会社を利用する人は減り、「対面で日本株を勧める」というビジネスは成立しにくくなりました。

東京証券取引所が毎週木曜日に発表している「投資主体別売買動向」によると、売買代金で見ると、個人投資家が占める割合は2割強、機関投資家が1割強、6〜7割が外国人投資家、証券会社の自己売買（証券会社が自社の資金で株を売買）が数％となっています。注目すべきは、この個人の売買のうち、90％程度がネット証券から注文が出ているということです。お客様の数では何倍もある大手証券のシェアが数％しかありません。

以前は証券会社の営業マンがマクロ経済の展望などを解説しながらアナリストレポートを活用して株式営業をしていましたが、現在では日本株の営業に対して積極的に経営資源を投入できなくなりました。事実上、株式営業はビジネスとして消滅したと言えるのかもしれません。

以前は、取引高に応じて証券会社から手数料の一定の比率を給料として受け取る「歩合《ぶあい》外務員」という人たちもいましたが、手数料引き下げの中で次第に姿を消していきました。日本株や日本株ファンドが積極的に営業されなくなれば、日本株についての情報を欲する人も減り、アナリストの人数も日本株についての情報も極端に減りました。証券業界のある経営トップも「株式のアナリストは絶滅危惧種になりつつある」と懸念されていました。

結果として、営業の現場でも日本経済や日本株をバッシングする傾向が必要以上に強くなった気がします。ましてや、「日本株でもリターンが得られますよ」と教えてくれる人などほとんどいなくなってしまいました。

マネー雑誌やインターネットでアナリストのレポートや評論家の分析を見ることは今でもできますが、もともと日本株に興味があり積極的に情報を探している人がチェックする程度であり、日本株はダメだと思っている人、日本株に期待を持っていない人の考え方を大きく改めるには至っていません。

売買する人が増えなければ株式市場には活気が戻りません。日本株の低迷は証券会社のビジネスモデルに一因があり、構造的な問題とも言えるのです。

六重苦と言われるこの厳しい環境の中でも一生懸命努力している企業に目が向けられないことは、本当に残念です。今回のアベノミクス相場でも、積極的に日本株を買っているのは、やはり外国人投資家が中心です。

目に見えない手数料であなたのリターンが消えている

日本株を勧めなくなった一方で、証券会社が力を入れるようになったのが、「外国株の売買」や「海外に投資する投資信託」です。

「アップル」「フェイスブック」「アマゾン」「グーグル」など、米国には時代を牽引する華やかな銘柄がありますし、中国株をはじめ、ＢＲＩＣｓ（ブラジル、ロシア、インド、中国）の株ならなんでも儲かるかのように言われた時期もあり、外国株に魅力を感じるという人は今でも少なくありません。

大手証券会社では株式の売買関連収入の５割以上を外国株が占めるといった例や、逆に日本株の取扱手数料は全手数料収入のわずか2割程度しかないという例もあるなど、証券会社にとって外国株の取り扱いは収益性の高いビジネスとして定着してきています。

大手ネット証券の場合でも、米国株の売買委託手数料は１０００株までが約26ドル、つまり約２５００円と、日本株よりも高い手数料の設定になっています。さらに、個人が米国株を買う際には円をドルに替える必要があるため、証券会社は為替手数料も得ることができます。このように、日本株を販売するより手数料収入は格段に多くなります。

外国株のほうが高い手数料が得られるのであれば、証券会社が日本株より外国株を勧めるのは当然のことです。証券会社に勤務するある営業マンは、「日本株にもいい銘柄があるのはわかっているが、会社の収益のことを考えれば手数料が高い外国株や投資信託などを積極的に販売せざるを得ない」「日本株では数百円や数千円の手数料しかもらえないのに、値下がりした場合にクレームの対応までするのはつらい」と打ち明けてくれました。

さらに証券会社の収益の柱になっているのが「投資信託」です。投資信託は、多くの投資家から集めたお金をひとつにまとめ、運用会社が株式や債券などで運用するという仕組みの投資商品です。

投資信託を購入する際には「販売手数料」がかかります(ノーロードと呼ばれる販売手数料がゼロのファンドもあります)。販売手数料は全額、販売する証券会社や銀行に入ります。販売手数料はファンドによって異なりますが、日本株に純粋に投資するファンドの手数料がせいぜい3%程度なのに対し、新興国の株や債券に投資するものでは3・5%や4%といったものもあります。ここでも、「日本株より、新興国に投資するファンドを売ったほうがいい」という構造が生まれているわけです。

さらに購入時の手数料のほかに、投資信託の保有中には「信託報酬」を支払う必要があります。これは「販売会社」、「運用会社」、資産を管理する「信託銀行」の3者が分け合うものですが、海外に投資するもののほうが高めに設定される傾向があります。

たとえば、ある運用会社の「日本株に投資するファンド」と「新興国株に投資するファンド」を比べると、日本株ファンドの信託報酬は年間1・52％、新興国株ファンドの信託報酬は1・98％となっています。やはり販売会社や運用会社にとって、日本株ファンドより新興国株ファンドが売れたほうが、管理など含めて手間がかかることを差し引いてもなお効率がいいと言えるのです。

近年では、「通貨選択型」というタイプのファンドが人気を集めました。いろいろな種類がありますが、たとえば新興国のハイイールド債券（利回りが高いことをイメージしがちなネーミングですが、本来は低格付け債であり、信用リスクが高い債券のこと）に投資し、ブラジルレアル建てで運用されるファンドの場合、販売手数料が4％、信託報酬が1・7％といった例があり、これだけでも購入した年のコストは約6％にのぼります。投資家がマイナス6％から利益を出すことは容易ではありませんが、金融機関の側から考えれば収益性の高いビジネスです。

証券会社の収益源には、ほかに保険や外国債券、仕組み債などがありますが、いずれも日本株を売るよりも証券会社の利益がはるかに多くなります。利益率が高いものを積極的に勧めることは証券会社にとって、ある意味合理的な選択なのです。

前述のとおり、新興国株に投資しなければ新興国の成長が取り込めないというわけではなく、

「新興国の成長を取り込む日本企業」に投資することで、新興国の成長に乗るということは十分可能です。

しかし、個別銘柄を見ている人は少ないですし、TOPIXや日経平均が不調な中、「日本株にもいい銘柄がありますよ」と言うより、「世界経済を牽引するのは新興国です」「オリンピックとサッカーワールドカップの開催が決まったブラジルが狙い目です」と言うほうが説明しやすい、投資家を説得しやすいというのもあるでしょう。

通貨選択型も含めて、近年は、ある意味で金融商品が高度化、複雑化、ブラックボックス化し、コストも見えにくくなっています。こうした商品を販売するには、営業員には高いスキルとお客様の資金性格や目的に照らした営業が求められます。一方で、投資家側にも高い金融リテラシーが求められます。

個人的には、仕事や家事・育児を抱える現役世代にとって、複雑な商品で資産形成をしていくよりも、運用はシンプルなスタイルがいいと思います。金融商品におけるリスクは価格下落リスクもさることながら、「商品がよくわからないこと」が最大のリスクなのですから。

短期目線の投資家はマネーの暴走に翻弄される

「どんなにいい銘柄を選んでもリーマンショックのようなことがあれば株価が急落するので、投資は怖い」

そんな声をよく聞きますが、これは日本株に限ったことではありません。

たしかに10年で株価が2倍になったような企業でも、なにかしらのショックが起きれば一時的に株価が大きく下落することがあります。歴史的にもそうした現象が何度か起きていますが、最近はそういったショックが頻繁に起き、以前より値動きも大きくなっています。それは実体経済よりマネー経済の規模が膨らんでいることに起因しています。

株式や債券、証券化商品、ローンなどを合わせた金額をマネーの市場規模とすると、1990年には世界のGDPの261%だったマネー資本は、2010年にはGDPの356%にまで拡大しています。（図⑤）

2005年から07年までの3年間は名目GDPが10・6%増加したのに対してマネー資本は14・2%増でしたが、リーマンショックが起きた08〜2010年はGDP1・5%増に対しマネー資本が10・1%増と、GDPの増え方よりマネーの増え方が大きくなっています。（図⑥）

☆実体経済の規模を大きく上回り始めたマネー経済⇒「マネーの暴走」

⑤世界の資本市場の規模

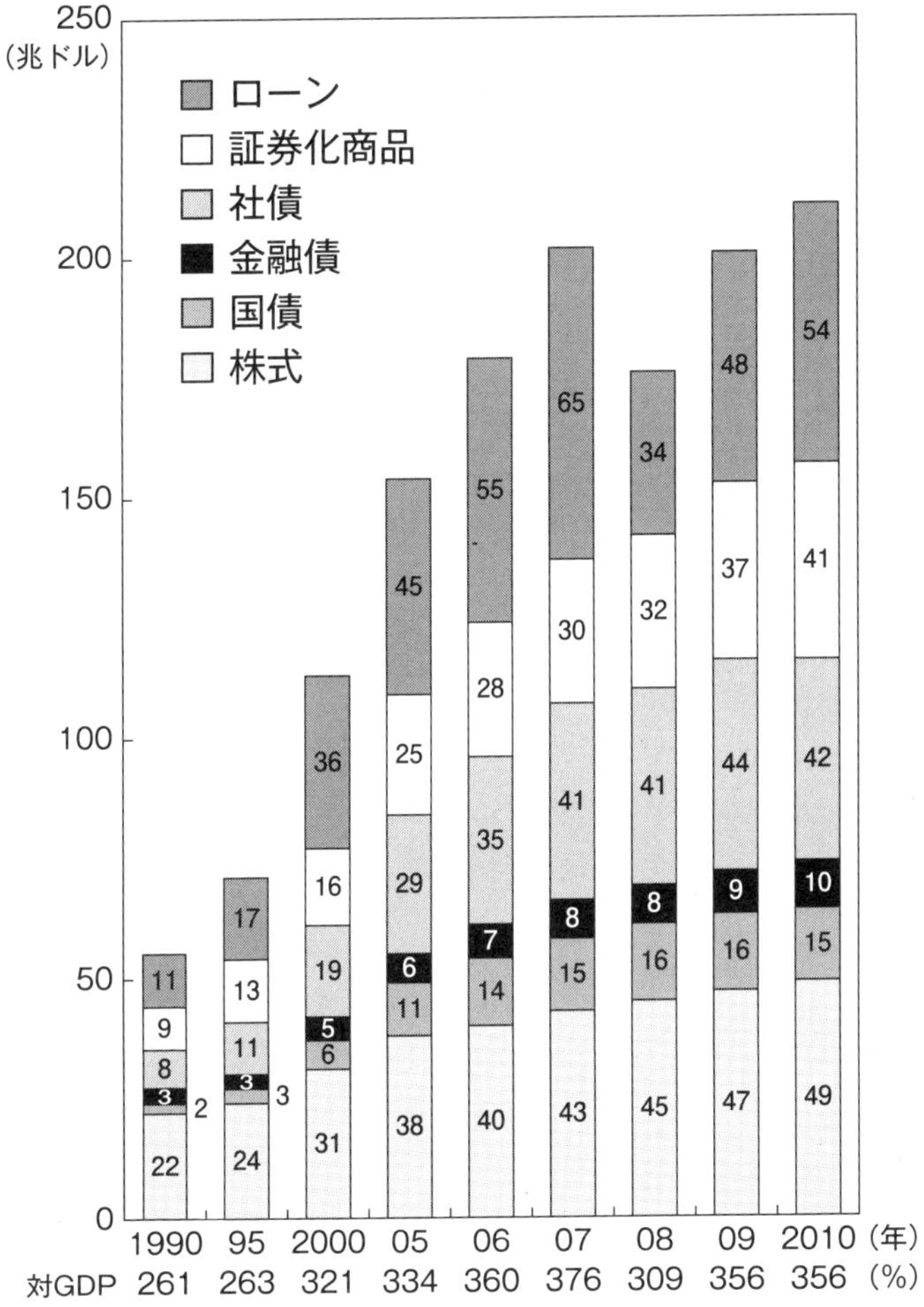

⑥世界マネー、期間ごとの伸び率

	20年間平均	90-95年	95-00年	00-05年	05-07年	08-10年
株　式	8.3%	9.1%	16.2%	4.6%	20.2%	26.0%
国　債	7.9%	7.6%	4.2%	9.3%	9.5%	13.2%
金融債	8.6%	6.6%	11.6%	8.8%	18.9%	1.2%
社　債	6.2%	0%	10.8%	3.7%	15.5%	11.8%
証券化商品	10.6%	8.4%	14.9%	12.9%	16.8%	−3.2%
ローン	4.1%	1.8%	5.3%	4.2%	6.4%	4.3%
合　計	**7.1%**	5.9%	**9.6%**	6.3%	**14.2%**	**10.1%**
名目GDP	5.4%	6.3%	1.7%	7.2%	10.6%	1.5%

＊McKinsey & Company のデータよりコモンズ投信が作成
＊太字は名目 GDP より増加した期間

リーマンショック後にマネー経済が拡大したのは、景気が著しく悪化するのを食い止めようと各国が大規模な金融緩和でマネーの供給量を増やしたためで、金融緩和は、世界の中央銀行による景気悪化を免れるための「時間を稼ぐ政策」でもあります。

たとえばこんな現象がありました。リーマンショック前、米国では自動車の販売が好調でしたが、あとから考えると、それは行き過ぎた販売姿勢の影響と言えなくもなかったのです。

9・11（2001年）の米国同時多発テロ事件により、米国の新車販売は一時的に低迷しました。そのため、ビッグスリー各社は自動車ローンの金利をゼロにしたり、さらに購入者に対して10万円単位のキャッシュバックを実施するなどして販売台数を維持していました。しかし、そこにリーマンショック（2008年）が直撃。銀行が自動車メーカーへの融資を極端に絞るようになり、前述のような強引とも言える販売策に依存したメーカー各社は、途端に販売台数が激減しました。

当時、米国の不動産がバブル気味であることはよく知られていましたが、過剰に膨らんだマネーにショックが加わったことで、直接関係がないと思われていた業界にも影響が及んだのです。自動車販売台数の急減は、風下の部品メーカーばかりか、鉄鋼メーカーにも、そしてその先の企業へと波及していきました。

日本のある機械メーカーの経営者は、「リーマンショックが本業にこんなに影響が出るとは思わなかった。それはまるで、真っ暗なトンネルの中で急に横から衝突されたくらいのインパクトだった」と話していました。

金融緩和は、実体経済のみならず投資家の行動にも大きく影響を与えています。

2012年9月には、先進国の中央銀行の動向が大いに注目を集めました。ECB（欧州中央銀行）やFRB（米連邦準備制度理事会）が無制限、無期限の追加金融緩和を行ったため、日本国内でも「日銀も追加の金融緩和をするのではないか」「緩和するなら『買い』だし、しないなら『売り』だ」など、投資家がその動向を固唾《かたず》を飲んで見守りました。そして日銀が緩和に踏み切ったため、日本株は買われ、株価は少し上昇しました。

同年11月には、総選挙で自民党が政権に復帰し、金融緩和圧力を強めるという観測から円安が進み、それに伴い、企業業績が好転するとの見方から株が買われ、日経平均は年初から見て12％高、月間では世界トップの上昇率を記録しました。

中央銀行の金融緩和など、市場に影響する出来事を「イベント」、それで市場が混乱することを「イベントリスク」などと言いますが、イベントリスクが頻繁にあるなかで、多くの投資家が、「米国は金融緩和を続けるか？」「欧州は？」「日銀は？」などと情報を追いかけ、右往左往しています。こんなことに付き合うのは嫌だと思っている人も多いはずですが、短期で結果を出そうとするならば、それに付き合わざるを得ないのです。

そんな世界で勝ち続けるのは、24時間マーケットを見ているヘッジファンドでも難しいことであり、「普通の人」がマクロ経済や金融政策、政治動向や地政学的リスクなどのイベントリスクを意識しながら短期で投資判断をし、それを続けていくことは不可能だと思います。

１００年に一度、１０００年に一度と言われるような世界同時多発的な株価の暴落、株と債券の同時安が、現在は3年に一度、軽いショックは3ヵ月に一度というほど頻繁に起きています。そのため、市場関係者の警戒感も強くなり、マネーがますます過敏に動くようになっています。

ギリシャのような小さな国で起きた財政危機という問題で世界中の株価が大きく下がるというの

も、過剰なマネー供給が振幅を増幅している面が強いと言えそうです。

ここで見方を変えてみましょう。

教育や介護の事業を行う「ベネッセホールディングス」や、「武田薬品」「エーザイ」などの医薬品の企業にとって、日銀の金融緩和やギリシャの財政不安は、本来あまり関係がないはずです。前述のような「イベント」によって一時的に株価が下がったとしても、業績が悪化したわけでも、会社の価値が大きく棄損したわけでもないのです。

仮にエーザイの株価がイベントリスクで一日に10％動いたとしても、「会社の価値」が一日で10％動いたわけではありません。あくまで「株式の需給」が主な要因です。短期的な株価変動の原因は、企業の業績や、企業の価値からは説明がつきません。

つまり、「企業の業績」や「企業の価値」を見て投資をすれば、イベントやマネーの暴走に翻弄される必要はなくなるのです。

「投機」に付き合う必要はありません。イベントリスクに心を砕いて短期的な値動きに惑わされるのではなく、「森を見ずに木を見る」というスタンスで価値のある銘柄を探し、長期的な目線でじっくり投資をする。それが本来の「投資」です。

日本は経済成長できるか

日本の経済成長率は極めて低く、潜在成長力もゼロに近い水準です。それでも成長につながる要素がゼロというわけではありません。

２０１０年に亡くなった経済学者アンガス・マディソンは、世界のＧＤＰ比率（世界のＧＤＰにおける各国のＧＤＰの割合）の推移と、これからどう推移するかを予測したデータを発表しています。

経済力は国力に反映されますから、ＧＤＰの比率が高い国はその時代の覇権をとっている国と捉えることができます。

１９００年以降は米国の比率が高くなっていますが、２００６年には中国が約17％を占めるまでに躍進。２０３０年には中国が約18％、インドが約10％を占めると予測されています。日本の割合は１９９０年には約９％を占めていましたが、残念ながらその存在感は次第に小さくなり、２０３０年には４％程度になると指摘されています。（図⑦）

しかしあまり悲観的になる必要はありません。中国、インドを擁するアジアは躍進が期待できるエリアであり、そして日本はアジアの中の唯一の先進国です。日本には優れた技術力や経営ノ

⑦超長期で見る世界のGDP比率の推移

	1500年	1700年	1820年	1900年	1990年	2006年	2030年
米国	0.32	0.14	1.81	15.83	**21.39**	19.61	17.71
中国	**24.88**	**22.30**	**32.92**	11.05	7.83	16.78	18.44
インド	**24.36**	**24.44**	**16.04**	8.64	4.05	6.11	9.64
日本	3.10	4.14	2.99	2.64	**8.55**	6.06	4.44
イギリス	1.13	2.88	5.22	**9.37**	3.48	2.95	
フランス	4.39	5.26	5.11	5.92	3.78	2.92	
イタリア	**4.65**	3.96	3.24	3.05	3.41	2.44	
日本史	室町時代 桶狭間の戦い (1560年)	江戸時代 吉宗8代将軍 (1716年)	江戸時代 龍馬生まれる (1835年)	明治時代 日英同盟 (1902年)	平成 海部内閣、バブル崩壊		
世界史	ポルトガル・スペインが覇権	蘭から英国・フランスへ覇権	英国覇権、大英帝国	英から米へ覇権(パックスアメリカーナ)	東西ドイツ統一、1991年湾岸戦争		

単位：%　＊経済学者アンガス・マディソン氏データよりコモンズ投信が作成
＊購買力平価ベース

ウハウを持った企業がたくさん存在していますし、立地的にも、国家間のつながりがあるという点でも、アジアの成長を取り込むのに有利と言えます。

すでに中国に進出している日本企業は3万社を超え、インドへは1300社、タイにも3000社以上が進出していると言われており、アジアで活躍できる日本企業には成長のチャンスがあると言っていいでしょう。つまり、アジア全体を内需と捉えるという発想があればいいのです。

人口の減少が経済成長の足かせになるという指摘もありますが、それも発想を変えれば見え方が違ってきます。

日本は先進国で最も高齢化のスピードが速い国であり、1992年には、「社会保障を受ける側の人」の数が生産年齢人口（15歳以上65歳未満の人口）を上回ります。ちなみに米国のそれは2007年、欧州は2010年です。

日本の生産年齢人口がピークアウトした1992年はバブル崩壊直後、米国の場合はリーマンショックの1年前、欧州はギリシャショックの年とそれぞれ符合しています。中国は同様に2012年に分岐点を迎えましたが、やはり景気が失速しており、2015年にピークを迎える韓国でも景気が下り坂にきています。（図⑧）

このように人口構成が経済に与える影響は大きいと言えますが、日本は労働人口の減少、高齢化という困難を他国より早く経験している分、これらをうまく乗り越えることができれば、ほか

⑧人口問題（生産年齢人口）

労働力の中核をなす15歳以上65歳未満の人口層のピーク

	日本	米国	欧州	中国	韓国	ASEAN
生産年齢人口のピーク年	1992年	2007年	2010年	2012年	2015年	2020年以降

・世界の先進国は 2010 年以降はそろって生産可能な労働力の数が減っていき、新興国はその労働力の代替で繁栄するという構造がより明確になる。

・先進国の企業形態は
1）できる限り少ない従業員数で、
2）新興国の労働力を使って利益を最大化するスタイルへと変貌していく。

＊データ：三菱 UFJ モルガン・スタンレー証券

の先進国に先んじて景気回復を図ることも不可能ではありません。

またアセアン加盟国では２０２０年以降、アフリカは２０５０年以降に生産年齢人口のピークを迎えると予測されています。長期的な視点で見れば、こうした地域はたいへん有望な市場と考えられます。

先進国では労働力が不足する一方で、これらの新興国では労働力が増える過程にあるということですから、「世界経済は、先進国の労働力を新興国がカバーすることで繁栄する」という構造になるのは明らかです。新興国の労働力を生かして利益を最大化するスタイルへ変貌できる企業は今後も成長できますし、新興国で中間所得層が増えるということは、日本企業のマーケット拡大にもつながります。

企業の海外進出については、国内の空洞化につながるという批判的な声もありますが、海外進出で利益を獲得すれば、国内で研究開発などの雇用が生まれることも期待でき、必ずしも海外進出が国内空洞化に直結するわけではありません。

また海外で雇用が生まれ、中間所得層が増えることで恩恵を受ける日本の産業もあるはずです。1950年に25億人だった世界の人口は、2000年には2・4倍の60億人になり、識字率は50％から85％程度にアップしているので、読み書きができ、マニュアルに基づいて働ける人は4倍（51億人）に増えたことになります。新興国の中間所得層が増加することは、日本にも新たな産業、新しい利益獲得のチャンスが生まれることを意味します。

たとえば日本の成長戦略には「観光立国」を目指すという項目が入っており、2010年に861万人だった外国人観光客を2020年には2500万人にまで増やすという目標が掲げられています。東日本大震災直後には外国人観光客は大きく減少しましたが、2012年には836万人まで回復してきました。観光立国フランスには、年間7680万人もの外国人が訪れています。同様に、食をはじめ観光資源に恵まれる日本でも、大きな産業に成長する可能性は高いでしょう。

財政不安への防衛策は海外逃避ではない

個人向けのセミナーなどで必ずと言っていいほど受ける質問が、「グローバル展開している企業の業績は日本全体の経済の状況とは必ずしも直結しておらず、独自に成長できる企業があるというのは理解できます。ただ、仮に日本の財政が破綻するようなことになれば、海外で活躍している日本企業にも影響が及ぶのでは？」というものです。

日本の国家財政が厳しいということは、今では子どもでも知っている時代になりました。２０１０年度の一般政府総債務残高は１０４８兆円にのぼります。１５００兆円を超える個人金融資産に支えられているとはいえ、同年度の家計金融純資産（金融総資産から住宅ローン等の負債を差し引いたもの）は１１１５兆円と、その差は大きくありません。こうした状況を打開すべく、２０１２年８月には社会保障・税一体改革の関連法案が可決・成立し、今後消費税は段階的に上がっていくことになります。

しかし、税率を上げたからといって必ずしも税収が増えるわけではありません。個人的には、やはり併せてＴＰＰ参加や、規制改革の推進などの成長戦略が重要になると考えます。

また、消費税を上げるだけでは財政健全化は十分とは言えません。財務省の試算によると社会保障にかかる費用見通しは、２０１１年が１０８兆円であったのに対し、２０２５年には１４６兆円と、１・35倍になると見込まれています。

財政が厳しいのは日本に限らず先進国の共通の課題になってきています。先進国ではどこの国も財政の健全化には相当の時間を要しますが、最も喫緊《きっきん》の対応が求められている欧州では、付加価値税（日本の消費税）を上げるとともに社会保障分野の給付削減も併せて行われています。

日本でも、今後は社会保障の見直しが行われることは必至です。書店に行くと、「日本の財政破綻」「国債暴落」「海外の金融機関に口座を開設」といったことをテーマにした書籍が並んでいますが、日本において直ちに財政破綻が起こることは想定しがたく、それよりも「確実に起ること」に備えていくことのほうが大切です。それは、社会保障の見直しなど、「縮小する公的な制度に代わる備え」です。

別の言い方をしますと、今後は「個人の自助努力が本格的に求められる時代」になるということです。不安を煽《あお》るような書籍に右往左往するのではなく、しっかりとした社会生活を行っていくための備えを始めなければなりません。

第2章　長期に成長する「日本株」はこう選ぶ

インデックスファンドでリターンは得られるか

成長の可能性がある分野も、成長できる企業もある。しかし日本経済全体、上場企業すべてが成長するのは難しいということは先に述べたとおりです。このような見通しがある中、日本株にはどんな投資をすればいいのかを考えていきましょう。

まず確認しておきたいのは、投資の方法のひとつである「インデックス」への投資についてです。これは「株式市場全体の値動きに連動する成果を目指す」という方法です。

投資信託には、特定の株価指数などに値動きが連動する「インデックスファンド」や「ETF」というタイプがあり、日本株に投資するインデックスファンドは、「日経平均（日経225）」に連動するタイプと「TOPIX」に連動するタイプが主流です。

経済全体が右肩上がりの状態にあれば、その国の株価指数に値動きが連動するインデックスファンドに投資することは合理的と言えます。しかし、TOPIXの伸び率は日本経済全体の成長を反映している部分もあり、前述の不動産バブルのピークから2012年末までの過去23年間でのリターンはマイナス60％程度、ITバブルからの同じく13年間ではマイナス40％程度とまったく振るわないのが現状です。

今後も日本経済全体は低成長にとどまることが予想されますので、日本株のインデックスファンドで長期的なリターンを得るのは難しいと考えるべきでしょう。第3章で詳しく述べますが、最近ではインデックスファンドを支持する人の間でも、日本株のインデックスファンドでリターンが得られるのかを疑問視する声が挙がっています。

ではどうすればいいのでしょうか。

私がお勧めしたいのは、長期的な成長期待が持てる銘柄だけを選んで投資する「長期集中投資」です。

経済成長率が低い国のインデックスファンドに投資することは、「『成長する銘柄』と『成長しない銘柄』をセットで買う」ようなものであり、成長しない銘柄のマイナスによって、本来成長する銘柄から得られるはずだったリターンも奪われてしまいます。

繰り返し述べてきましたように、株式市場が低迷している間にも、確実に成長を続けている企業は存在します。

たとえば過去23年間の値上がり上位銘柄に、給湯、暖房のトップメーカー「リンナイ」があります。

製品デザインの刷新、製造・販売一体の全員経営、経営の見える化などの経営改革の成果が表れ、過去23年間の株価上昇率は174％に及びます。1970年代に台湾で合弁事業を開始したのを皮切りに早くから海外展開を図っており、中国、韓国、インドネシア、ブラジル、チリ、メキシコ、アルゼンチン、オーストラリア、ニュージーランド、北米、欧州、アセアン諸国、中東、アフリカなど、幅広いエリアで強いブランドを築いています。

ほかにも、月間４０００万人以上が利用する複数のサイトを運営する「カカクコム」、酸素、窒素などの産業ガスを販売する「エア・ウォーター」、血液検査機器で国内ナンバーワン、血球計数装置分野で世界ナンバーワンの実力を誇る「シスメックス」など、３期連続最高益が見込まれる企業もあります。

市場全体を丸ごと買うインデックス投資を捨て、「成長銘柄だけを選ぶ」のが日本株でリターンを得るための有力な投資方法と言えるのです。

有望なのは海外進出で成功する会社

これまで、市場の値動きに翻弄される短期の投資ではなく、長期投資にこそリターン獲得の機会があること、また日本株でリターンを得るには市場全体ではなく銘柄を選んで投資する必要があることを述べてきました。ここからは、実際にどんな銘柄を選んで、長期投資を実践していけばいいかについて説明していきたいと思います。

経済のグローバル化が進む中で長期的に企業価値を高めていくには、活動の場を海外に広げていくことが重要です。

個人が日本経済に期待を持ちにくい状況なのと同じように、多くの経営者は日本経済に高い成長を期待しておらず、「日本経済に依存していては企業を成長させることはできない」と考えています。

たとえば、「日産自動車」の売り上げの8割は海外におけるものであり、現地生産も2010年には7割を超えています。

「日本は少子化が進んでいるし、経済が低迷して若い人の賃金は伸びず、クルマ離れが激しい。だから日産は成長しない」といった尺度で考えていては投資判断を大きく誤ってしまいます。「(日本ではなく) 世界でクルマがどのくらい売れているのか」「どの国で売れているのか」「その国のシェアはどうなっているのか」「売れているのは利益率が高いラグジュアリーなクルマなのかそうでないのか」「電気自動車など次世代に向けた対応はどうか……」、そのような視点から企業の成長性を探らなければいけないのです。加えて言えば、日産のトップは外国人のカルロス・ゴーンさんで、従業員にも外国人が多くいます。日本に国籍を持つ「日本発のグローバル企業」なのです。

また、中国への進出企業（3万社超）は上場企業数（約3600社）をはるかに超えており、未上場の中堅企業もたくさん進出しています。

２０１２年の日本企業による海外企業のＭ＆Ａ（合併・買収）は前年より13％多い５１５件となり、バブル期の４６３件（１９９０年）を上回って22年ぶりに過去最多を記録し、金額でも７兆３３８９億円に達しました。中国への集中を緩和するため、東南アジア企業の買収も増えています（レコフ調べ）。

大手でなくても、中国で店舗展開しているラーメン店や、お寿司屋さんの進出も目立ちますし、中国では日本の美容師さんの丁寧な仕事ぶりが高評価を受け、美容室チェーンの展開を計画している企業もあります。経済産業省の方の話では、日本では件数が減少している畜産農家も、高い技術に加え、衛生的で高品質の評価があり、アジアをはじめとする新興国ではビジネスが成立しやすいとのことです。旧来型で今の日本では通用しにくいと思われていた産業が、高度成長に入った新興国で好まれているという事例のひとつです。

そうした海外進出に成功した企業にとって、日本経済の良し悪しはあまり関係ありません。

日銀の資金循環統計によると、中小企業を含め、日本企業が保有する現預金（内部留保額）は過去最大の２１４兆円にのぼっています。バブル時代には多額の借り入れをして設備投資や財テクなどをしていましたが、バブル崩壊後、企業は懸命に借金を返し、借入額はピーク時に比べて１００兆円程度圧縮されています。現預金がたくさんあり債務負担が少ないということは、「新しい挑戦がしやすい」ということです。

また、円高であることも海外企業の買収や海外に設備投資をするのに有利に働きます。ひと頃に比べると多少円安に振れてきたとはいえ、日本企業は手元に潤沢な資産と強い円を保有しており、従来の高い技術をもってすれば、日本企業が成長できるポテンシャルは高いと言えるでしょう。

日本株で「新興国の成長」に投資できる

「企業が海外に成長の機会を求めるなら、個人投資家も海外の株式に投資する必要があるのではないか」と考える人も多いようです。しかし日本株に投資することで、海外の成長を取り込むことは十分に可能です。

ロンドンにある運用会社の方と話す機会がありました。その会社では、中国を含めたアジアの成長を取り込むというファンドを運用していますが、中国の成長を享受する手段として、「中国の企業」には一切投資せず、「中国で活躍する日本企業17社」に投資しているとのことでした。

中国の成長でリターンを得るために「中国株に投資」するというのではなく、「中国で稼ぐ日本企業に投資」することで中国の成長に乗れると考えているのです。リスク管理面においても、企業のディスクロージャー（情報開示）、証券に関する法整備などで信頼感のある日本企業へ投資したほうが、中国株に投資するより安心とのことです。

２００８年９月のリーマンショックのあと、中国はいち早く景気対策を打ち出し、2ヵ月後には4兆元（約60兆円）の景気対策を行いました。巨額な予算での公共事業が計画されると聞けば中国の建設機械企業を探したくなりますが、当時、中国での建設機械のシェアは1位が「コマツ」（日本）、2位が「日立建機」（日本）で、3位がキャタピラー（米国）でした。それならばコマツに投資すればいいことであり、それで十分なリターンが得られたはずです。「日本経済＝日本株」ではないというのと同じことで、「中国経済＝中国株」ではないというわけです。

また、中国企業を調査するにはどうしても限界がありますが、日本の企業であれば詳細に調べることができるというのも重要なポイントです。投資先について理解しているということ、常に状況を把握できるということは、投資においてとても重要であり、そうでなければリスクをコントロールすることはできません。その意味でも、これからの株式投資には、「日本株の中から銘柄を選び抜いて世界経済の成長に乗る」という発想が求められます。

海外進出で成長できる企業の条件

もちろん、海外進出したすべての企業が成長できるわけではありません。

１９６０～70年代の高度成長期には、日本から米国に大量の自動車や家電が輸出されました。しかし、あまりにも売れすぎたことによって80年代には日米貿易摩擦が起き、日本のメーカーにはそれに対応するため米国に工場をつくって現地生産することで摩擦を解消する動きも見られました。その時期の海外進出というのは、あくまでも日本から海外を見る「国際化」にすぎなかったと思います。

しかし現在、海外進出を果たしている経営者の方々は、日本から海外を見るのではなく、地球儀を俯瞰《ふかん》して、「世界全体でビジネスを考えた場合の日本の本社の役割は何か」を考えるようになっています。これこそ、かつての「国際化」とは異なる「真のグローバル化」であり、この視点は海外進出に積極的な企業の多くの経営者に共通するものです。

２０１１年初めに、「武田薬品工業」社長の長谷川閑史《やすちか》さんから「武田の課題は本社のグローバル化だ」という趣旨のお話をうかがったとき、私は感銘を受けました。

「大阪と東京に本社のある武田薬品が海外にも積極展開する。だから本社（日本）の人間も英語を話そう」といった単純なことではなく、「世界企業として武田薬品があり、日本の本社はグローバル企業として世界の多様性に対応する役割をどう担《にな》うかを考え、本社組織をグローバルな組織に大改革する」という意思を感じたからです。

同社はその数ヵ月後、２０１１年最大のＭ＆Ａで、スイスのナイコメッドという製薬会社を約１兆１０００億円で買収しています。背景には主力製品の相次ぐ特許切れに伴い、新たな展開を考える必要が生じたということがありました。武田はすでに米国を含めてグローバルに進出をしていましたが、さらに欧州や、これから市場が拡大するであろう新興国への戦略的な進出を検討していました。そこで、これらの国々で強固な販売網を持つナイコメッドを買収したのです。ユーロも安くなった時期でしたので、いい条件で買収ができたものと考えられます。

それまで武田の海外におけるビジネスエリアは、米国をはじめとする28ヵ国でしたが、このＭ＆Ａによって一気に70ヵ国以上に拡大しました。

私がお会いした、制御機器やヘルスケアの「オムロン」や、製薬メーカー「エーザイ」の経営トップも、本社のグローバル化に取り組んでいることを説明してくださいました。

真のグローバル企業になるためには、人事、組織、マーケティング、ガバナンスなどすべてを変えなければなりません。たとえば日本では人事部の権限が強く、採用、解雇、異動にも権限を持っていますが、海外では人材については各部署が独自に判断をするため、人事部は総務的な機能を担っているにすぎません。

最近、「ダイバーシティ」という言葉が聞かれるようになりましたが、これはグローバル企業として、人種、国籍、性別、年齢、宗教、価値観などを問わずに人材を活用することにより、ビジネス環境の変化に対応していこうとすることです。

私が外資系証券会社に勤めていたときの話ですが、そこでは東京のオフィスだけでも三十数ヵ国の社員が働いていました。あるとき、「同性愛者の集まりにきてください」という社内メールが届き、びっくりしたことがあります。聞けば、社員全員に同じメールが届いており、同性愛者の人権を尊重しようという勉強会と懇親会への誘いだったのです。

日本の会社では考えられないことですが、グローバル化においては、多様な価値観を共有することも必要なのです。宗教も同様で、ラマダン期間中は飲食を控えるという人もおり、こうしたことにも対応しなければなりません。

日本の年功序列型の組織も海外では受け入れられにくいでしょう。

真のグローバル化を図るのであれば、世界中から優秀な人材を採用する必要がありますが、これまでの日本の経営のやり方、有名大学の男子学生ばかりを採用するといった人事では、「あなたの会社は過去も現在もボードメンバー（取締役）に女性がいない」と指摘され、海外の優秀な女性を確保することはできません。「エーザイ」の内藤晴夫社長は、この問題で意見交換したときに、「数年以内に役員の一定割合を女性にしたい」と話してくださいました。

海外の拠点が増えるとマネジメントがたくさん必要になり、幹部候補生が足りなくなるという問題も生じます。

「アサヒビール」や「ファーストリテイリング」「ローソン」では、自社内に大学をつくり、語学やMBA的な教育を1年程度、集中的に行うなどの取り組みをしています。

最近はサプライチェーンマネジメント（SCM）も重視されています。日本の実効税率は43～44％程度ですが、原材料の調達や組み立てる場所、材料の保管場所、物流も含めた最適化を図ることでコストを低減するという戦略です。

海外進出に成功している企業の中には、シンガポールに組み立て工場を持つのに伴い、政府や役所に頼ることなく、企業自らが直接、政府に乗り込み、「10年間法人税をゼロにしてくれたら進出し、現地でこれだけ雇用する」といった交渉を行っている例もあります。「HOYA《ホーヤ》」や「日本電産」はこうした取り組みで実効税率を20％前後にまで抑えることに成功しています。それでもアジアでは実効税率が15％程度の地域もあるわけですから、競争は熾烈《しれつ》です。

海外で商品を販売するには、マーケティングのレギュレーション（ルール）が国によって異なることにも留意しなければなりません。どの国でもタバコやビールの広告が打てるとは限りませんし、国によって趣味嗜好《しこう》はさまざまであり、現地で自社製品が受け入れられるかを知ることも海外進出で成功するための必須条件です。

「アサヒビール」では、新興地域への進出を検討する際には、社員が、通常の仕事を持たず、「その国の生活者」になることを目的に、1年ほど現地で地元の人と同じように生活し、その地域に進出すべきか、進出するなら何に気をつけたらいいかを考察したレポートを提出させるという念の入れようです。

電化製品の場合なら、冷蔵庫ひとつとってみてもドアの開け方は国によって異なりますし、インドではドアにはカギが必要だったりします。現地で生活し、現地の生活習慣、商習慣を知る、感じることを、重要な仕事と位置づけているのです。

日本では多機能エアコンが人気の「ダイキン工業」も、赤道直下の国々では、ガンガン冷えるパワフルさと低価格を重視した製品を開発しています。デザインの好みにもお国柄がありますし、日本と同じものをそのまま持っていくのではなく、きめ細かな対応が必要なのです。

ちなみに、顧客を大切にする姿勢、チームワーク、道徳心といった企業理念や企業文化は日本企業が持つ優れた資産でもあり、海外に進出する際も日本のものをそのまま持ち込むという企業が多いようです。こうした日本の真面目な企業理念こそ「グローバルスタンダード」なのかもしれません。

ＢＣＰが機能する企業には真の強さがある

近年、多くの企業は「事業継続計画（ＢＣＰ）」を策定しています。

ＢＣＰとは企業が緊急事態に直面したときに備え、事業が早期に回復できるよう立案されているものです。ＢＣＰを策定する企業が増えたのは鳥インフルエンザのときが最初であり、現在、上場企業のほとんどが対応していると思います。しかし、残念ながら東日本大震災の際にはＢＣＰが機能しなかった企業も少なくないようです。

いざというときにＢＣＰが機能し、事業を継続させるためには、日頃から危機管理が浸透している必要があります。それができている企業を見極めることは、「真に強い企業」を選ぶことにつながります。

被災地で秩序ある避難生活を送る方々の姿は世界から讃《たた》えられましたが、企業も頑張りました。多少議論の余地はあるでしょうが、緊急時にも家族と離れて仕事をするなど、日本の働く人のモラルは非常に高いと思います。

有事に強い会社は「現場に権限を与えられる企業」です。国は被災地に権限を委譲してスピーディな対応を促すということがうまくできませんでしたが、民間では地震発生直後から優れた対応のできた企業が多数見受けられました。それは企業理念が浸透していればこそできることなのです。

典型的だったのが「東京ディズニーリゾート（オリエンタルランド）」です。

同社の企業理念の中に、「自由でみずみずしい発想を原動力に すばらしい夢と感動 ひととしての喜び そしてやすらぎを提供します」という言葉があります。

震災当日、東京ディズニーランドとディズニーシーでは何万人ものゲストが一夜を過ごしましたが、誰の指示があったわけでもなく、商品として販売するはずのお菓子やブランケット、余震に備えて頭部を守るための被《かぶ》り物などが配られたことは有名です。こういったサービスを受けたゲストや、それを聞いた人は、感動してリピーターになることでしょう。２０１３年２月に同社の株価が上場来高値を更新した理由も、こうしたところにあると思います。

「ローソン」では、被災地に向けた商品とトラックは確保できたものの、ガソリンが足りないという困難に遭《あ》いました。震災後すぐに現場に対応が任されると、関西の拠点からは現場の状況に基づいた案が出てきました。大量のガソリンを使用している親しい関係のレジャー施設に融通してもらえないかを交渉し、そこからの紹介でガソリンを確保したのです。そして不通になった道路も考慮しながら搬送ルートを特定し、早い時期から被災地に商品を運ぶことができたのです。

東京からは現場の様子などわかるわけがなく、東京本部では仕切ることができません。非常時の対応マニュアルを作っている会社は多いですし、訓練をしている会社もありますが、企業理念が根づき、それが実践できる文化がなければ、いざというときにはマニュアルも機能しません。「お客様第一主義」「地域に貢献」といった企業理念こそが、本部からの指示がなくなったときの行動基準になります。ローソンでいえば、「マチのほっとステーション」になるという理念が社員全体に貫かれていたため、有事の際にも社員一人ひとりが何をすべきかを考え、行動することができたのです。

「セブン-イレブン・ジャパン」も「街の明かりがないと地域の人々の不安な気持ちが大きくなる」「震災で営業できなくなった店舗でも、使える照明だけは灯《とも》す」といった現場判断がありました。街の明かりがなくなった地域では、まさに「心の灯《ともしび》」となったそうです。

セブン-イレブンは約６００店舗が被災しましたが、１週間後には１９０店舗、２週間後には４９０店舗が復活しました。同社の企業理念の中には「生活サービスの拠点」という言葉がありますが、まさにそれを実践したのです。

東京でもそうでしたが、震災後にモノがなくなったときにも、コンビニには意外とモノが揃っていることに驚いた人も多いのではないでしょうか。一部のコンビニは商社が親会社であることが商品供給力の強さの理由のひとつですが、それ以上に「物流」に力を入れていることも忘れてはいけません。万が一のときに地域住民の役に立つことで、結果として店の評判も上がり、消費者がより愛着を感じるようになりました。

コンビニは若い男性がメインの顧客層でしたが、震災後にはそれまで足を運ばなかった高齢者や女性の顧客が増加し、最近では惣菜が充実していることを知った主婦からも大きな支持を集めています。

震災時の対応がすべてではありませんが、ＢＣＰがきちんと実践できたことが結果的に客層の拡大につながったのです。セブン＆アイやローソンが、最高益を更新し、そのレベルの維持を続けるなど、コンビニ大手が業績好調を維持しているのも、そういった日々の積み重ねによるところが大きいと思います。

企業理念が長期成長のカギ

最近は「企業理念」の重要性を再認識する企業が増えています。

「エーザイ」は、会社の定款《ていかん》の第２条に「患者様とそのご家族の喜怒哀楽を第一義に考える」といった趣旨の企業理念を掲げています。

定款に記載するということは、企業がそれに反する行動をした場合は会社法に違反したこととなり、刑事罰の対象の可能性があるというほど重い意味を持ちます。定款とはいわば「憲法」であって、それほど厳格なものなのです。定款に企業理念を盛り込んでいる企業は、ほかに「イオン」が挙げられるくらいで、ほかにはほとんど聞くことはありません。このエーザイのケースはかなり思い切った判断であり、国内外の社員に対して企業理念を浸透させるために専門の部署を設けるほどの力の入れようです。

数名の薬剤師さんに、「薬剤師の視点で見た製薬会社の評価」について聞いたことがありますが、全員一致で「エーザイが最もよい」という評価でした。薬を売りたいだけの企業もある中で同社は気配りが行き届いた営業をしているし、説明も丁寧で、投薬する際、患者さんにアドバイスがしやすいというのです。これは企業理念が浸透している証でもあります。

また、商社から出発し、今や世界トップの半導体装置メーカー、アプライド マテリアルズの背中に迫っている「東京エレクトロン」も企業理念の浸透に力を入れています。(図⑨)

会長の東 哲郎《ひがしてつろう》さんにお目にかかったときのことです。スーツの内ポケットから取り出した企業理念の冊子は、一見しただけで使い込んでいる様子がわかるもので、自分の理念を書くページには手書きの文字がぎっしりと並んでいました。会長は自ら国内外の拠点をまわり、企業理念を説いているとのことでした。

このように企業理念の浸透に力を入れている企業は、そう多くはありません。立派な文字で理念が綴られた額縁が社長室や受付に飾ってあっても、それは名ばかりということも少なくないで

⑨東京エレクトロンのTELバリュー

誇り

私たちは、自らが誇りを持てる高い価値を持った製品・サービスを提供します。

チャレンジ

私たちは、世界No.1をめざし、新しいこと、人のやらないことにチャレンジします。

オーナーシップ

私たちは、オーナーシップを持って、考え抜き、やり抜き、やり遂げます。

チームワーク

私たちは、お互いを認め合い、チームワークを大切にします。

自覚

私たちは、社会の一員としての自覚を持ち、責任のある行動をします。

＊TOKYO ELECTRON 環境・社会報告書 2009より

すし、ある有名企業で企業理念について担当者に質問すると、「当社にもありますよ、今、資料を持ってきます」と言ったまま、なかなか戻ってこないということもありました。やっと戻ってきた担当者が手にしていたのは分厚い立派な冊子でしたが、開いた形跡すらありませんでした。

海外の拠点では、日本人幹部が現地従業員に指示を出しても、文化の違いなどから、なかなか理解してもらえないことが多々あるようです。個人の考えを押しつけているなどと反感を買うこともあります。しかし企業理念が浸透している企業なら、「企業理念の2番目の項目に基づいて指示している」といった説明をすることにより、受け入れられやすくなるようです。

「日東電工」も企業理念が優れている企業ですが、同社が行動のガイドラインをまとめた冊子には、「社内で薬物やアルコールを摂取してはならない」という文言があります。日本では考えられないことですが、海外ではそのようなルールを明文化しておく必要があるそうです。

同社は2018年に創業100周年を迎える長寿企業で、売り上げの70%は海外、グループ社員の70%を外国人従業員、株式の40%強を外国人株主がそれぞれ占めています。社長は「2030年を見据えて経営している」と話しておられ、さらなるグローバル化を進めるために企業理念を盤石なものにしているとしています。（図⑩）

ちなみに、日東電工のCSR&アニュアルレポートの印刷は、特例子会社の「日東電工ひまわり」が請け負っていますが、この会社では、障がい者44名と高齢者9名、スタッフ10名の合計63

⑩日東電工グループ理念体系

経営理念

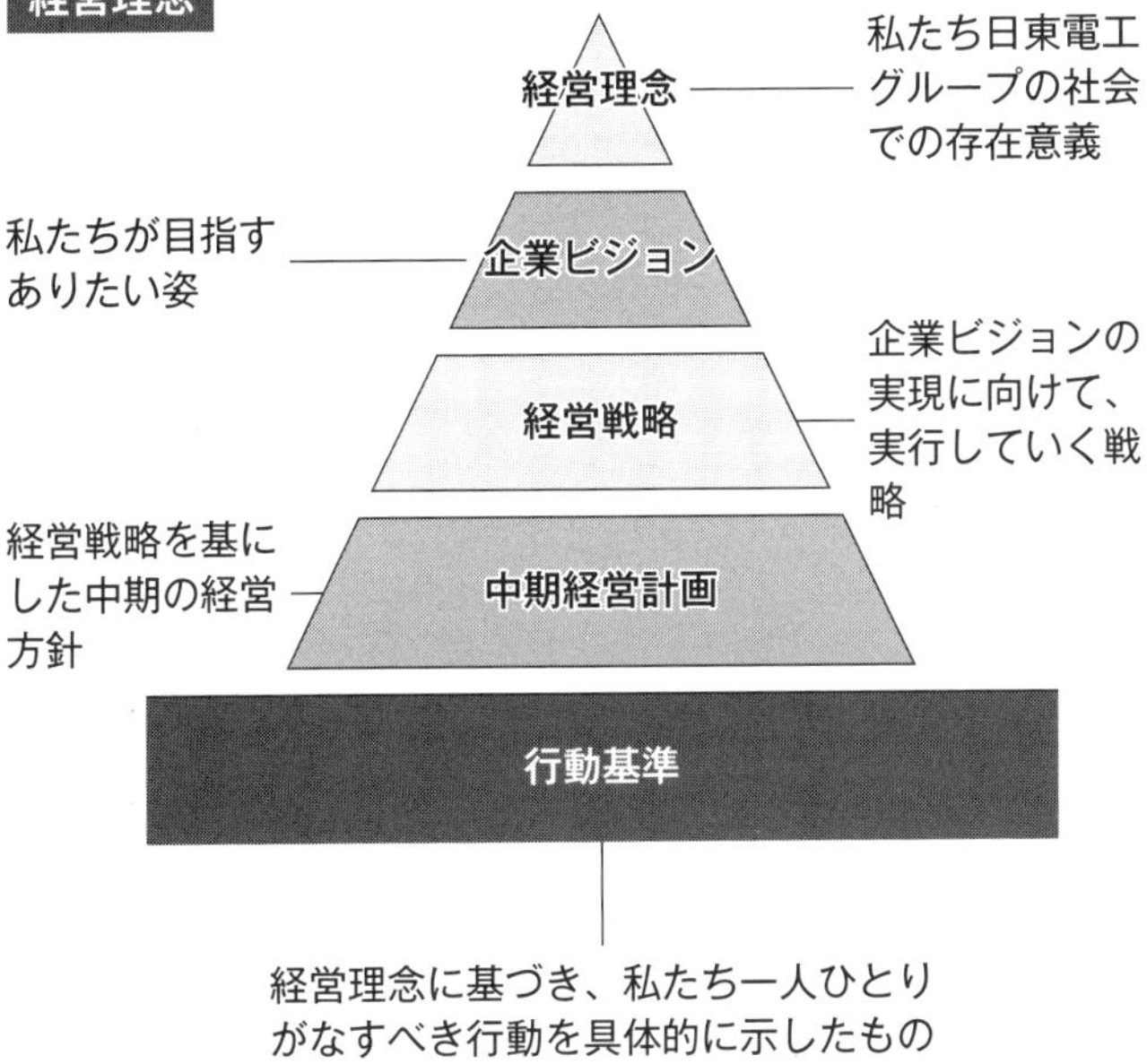
経営理念
私たち日東電工グループの社会での存在意義
企業ビジョン
私たちが目指すありたい姿
経営戦略
企業ビジョンの実現に向けて、実行していく戦略
中期経営計画
経営戦略を基にした中期の経営方針
行動基準
経営理念に基づき、私たち一人ひとりがなすべき行動を具体的に示したもの

新しい価値の創造

日東電工グループはオープン・フェア・ベストを行動の原点として、新しい発想で人々の暮らしと産業の未来に貢献します。

- お客様に満足される新しい機能を持った製品やサービスをスピーディーに創造します
- 社員の自主性と独創性を尊重し、自由闊達にチャレンジできる職場環境を実現します

＊日東ホームページより

名が働いており、このレポートを心を込めてつくっています。

このように、企業理念がしっかりしている会社はBCPがよく機能していますし、この点は海外進出を成功させるうえでも大切なポイントになります。また、コンプライアンスの遵守にも影響することはもちろん、結果として企業のブランド力向上にもつながり、長期的な成長を続けられるかどうかを左右する重要な要素になるのです。

しかしそれは、あくまで企業の長期的な成長性にかかわることであり、短期の業績に即、影響するものではありません。そのせいか「理念」に興味を持つ投資家はほとんどいないようで、企業の側も、自社の理念について質問すると驚かれることがほとんどです。逆に、喜んで話してくださる経営者や担当者からは、理念に誇りを持っていることを強く感じます。

財務データでなく、企業価値に投資する

長期保有に値する銘柄の選び方は、「プライベートエクイティ（株式市場に上場していない未公開株）」への投資に共通するところがあります。

たとえばあなたが、知り合いの人から「未公開株を買わないか」と誘われたとします。未公開株は上場銘柄のように簡単に売買することはできませんから、投資するなら、長期保有すること

が前提になります。

さて、その会社の過去3年間の業績が好ましいものであったとしても、あなたは投資することを即決できるでしょうか。

私なら、社長に会って話を聞いたり、会社の様子も見ておきたいと考えます。

もしも社長に会えたとしたら、経営理念やビジョンに始まり、どうやって業績を伸ばしていくのか、競争力の源泉はどこにあるのか、これからの短期的な戦略と中長期の戦略などを質問するでしょう。しかし、社長が立派なことを話したとしても、実際にそこの従業員に覇気がなければ、社長の言っていることは実現されるのだろうかと疑念を持ってしまうはずです。さらに事業の実態を理解するためには、その会社の製品を競合他社の製品と比較したり、できれば取引先やお客様にも話を聞いたりしたいと思うでしょう。

長い間保有することになる株なのですから、ずっと先までしっかり利益を出してくれる会社でなければ困るのです。

まさに、それこそが「長期目線」で投資する場合の銘柄の選び方です。

「１００万円が1年くらいで１２０万円になるのを期待して投資する」というのであれば、向こう3年間の売り上げなどの予測とその実現性さえチェックできれば決断は可能かもしれませんが、それはあくまで「短期目線」での銘柄選びです。

短期の目線で選んだ企業は、何か問題が起きれば企業の価値が大きく毀損《きそん》して、回復するのに時間がかかってしまう可能性もあり、また、たとえ利益を伸ばしていたとしても、株式市場全体の状態によっては株価が下がってしまうかもしれません。

このような足腰の弱い投資ではなく、慎重に銘柄を選び、しっかり腰を据えて、「企業の成長に寄り添う」ような投資でリターンを獲得していくのが望ましい形です。

つまり、思い切って30年くらいの長い目線で投資先を選ぶには、「数字には表すことができない見えない資産、見えない価値」を見ていく必要があるということです。

「そもそも企業の寿命自体が30年と言われる中で、『30年目線』に意味があるのか」との指摘もよくありますが、なにも30年間の業績を的確に予想するということではありません。スキーでも足元しか見ていないと転んでしまいますし、クルマの運転では遠くを見ながら近くも感じている人が上手なドライバーです。足元だけではなく、遠くを見るようなイメージを持っていただきたいのです。足元ばかりに気を取られていると、かえって転んだり事故を起こしたりしやすくなります。

短期の業績ばかりを見ていては、大切なものを見失うことになると思います。

30年目線で投資先を選ぶには、経営者の考え方や社員の様子、取引先との関係や顧客の満足度といった非財務情報、言い換えれば「数字には表すことができない見えない資産、見えない価値」を見る必要があります。

30年目線の銘柄の選び方としては、次の5点がチェックポイントです。

①文化・理念

明確に定義された企業理念・価値観を組織内に共有し、商品・サービスを通じて顧客、社会に貢献している。

②競争力・ブランド

競争力の強い製品がスタンダードになっている。本質的な競争力の源泉がしっかりしている。長期的に続く強いブランドを持つ。常に顧客第一を示す製品、サービスを提案している。

③マネジメント・経営陣

財務の健全性を維持できる見識あるトップ。キャッシュを重視し、かつ必要であれば、リスクがとれる経営陣で、継続性のあるビジネスモデルを運用できている。

⑪企業評価アプローチの方法

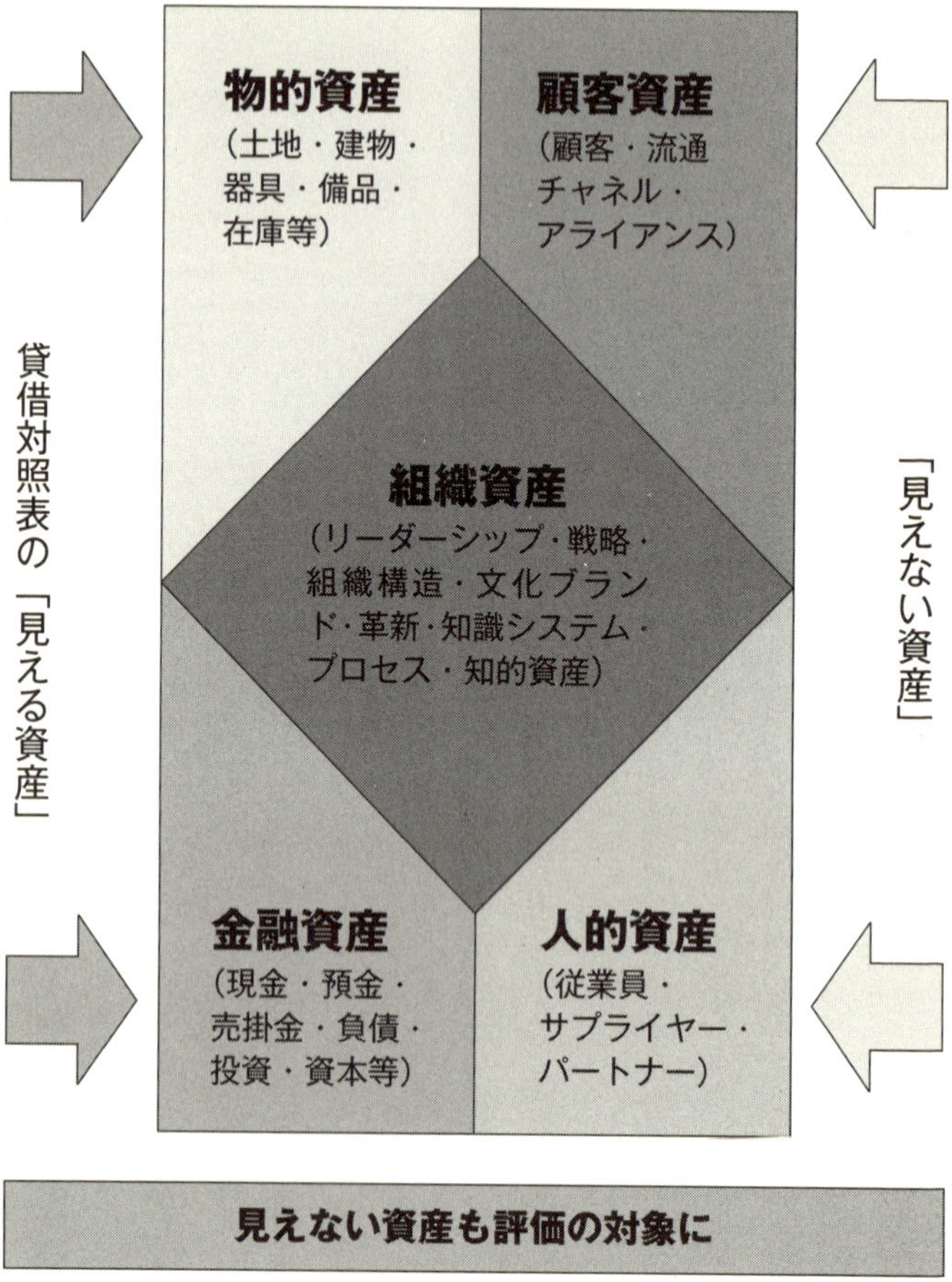

＊Quotation ARTHUR ANDERSEN “Value Code”、
株式会社バリュークリエイト

④成長性・収益性

営業利益率が業界平均を上回り、かつ、歴史的に安定している。ＲＯＥ（株主資本利益率）が水準を上回る。配当に対しては明確な方針を持つ。

⑤ガバナンス・対話力

顧客、株主、投資家などステークホルダーを意識して、長期的視野と温かな目を持って経営している。

企業のＤＮＡや対話力、組織の価値などは、財務データを見ただけではわかりません。目に見えないものを見る努力、感性がなければ、30年目線の長期投資はできないのです。

中長期的に企業価値を上げていける会社の選び方

30年目線で投資するには、過去３年程度の財務データではまったく足りません。ぜひ実践したいのは、もっと長期の財務データや会社の歴史を知ることです。

企業分析は、過去30年程度の売り上げや収益といった財務データのほかに、会社の歴史、業績の推移、人員数、役員構成の推移などについて調べることから始め、それらのデータから、将来、企業がどうなっていくかの仮説を立てることがポイントになります。整理した資料からは会社の性格や癖も見えてきます。小学校から大学までの成績表から、その学生の特徴や性格、タイプを推測するような感じです。

我々は、財務諸表などを記載したアニュアルレポート（年次報告書）や、会社の歴史が記された社史もじっくり読み込みます。多くの企業から、「そんな昔の資料を見ようとする投資家はいないですよ」と言われますし、一部しか残っていないものをコピーしてもらうこともしばしばです。

歴史を調べるうえで重要なのは、増収増益のとき、増収減益のとき、減収減益のときなど、さまざまな場面で経営者や会社が何を考え、何を情報発信し、どう行動したかを知ることです。業績が悪いときには何を考え、どうしたか、コンディションがいいときにはどうアクセルを踏んだかなどを理解していく作業です。その時々の財務状況と照らし合わせて見ていくと、状況を鑑《かんが》みた、いいメッセージを出している企業もありますし、財務状況と符合しない、やや的外れなことを言っている企業があることもわかってきます。

これらをよく調べてから企業を訪問し、ベテランのＩＲ（投資家向けの広報活動）担当らにときの状況を詳しく話してくださることもあります。

「15年前はたいへんだったようですね」などと水を向けると、「よく聞いてくれました」と、その「15年前の経験をどう生かしているか」「あの困難があったから今がある」といったことは、企業の今後を予想するうえで大きな手掛かりになるのです。30年間には経営者が何人も交代している場合が多いのですが、どんな経営が受け継がれてきたかも見えてきます。

多くの機関投資家は過去3年くらいを振り返ることで今後3年間を予想するといった手法をとっているため、10年以上も前のことには関心が薄いようですが、「過去の失敗が今にどう生きているか」ということは、我々長期投資家からすると本来はとても重要な情報です。失敗せずに成功してきた企業と、失敗を乗り越えながら成功した企業とでは、後者のほうが長期投資家にとっての評価は高くなります。

たとえば、ある部品メーカーは過去に経営危機に陥ったことがありますが、その際、親会社やメインバンクからも融資が受けられなくなり、力を貸してくれたのはライバル会社の外資系メーカーだったという経験があるそうです。

同社はその後、キャッシュを厚めに保有するようになりました。そのため投資家からは「現金を多く持っていたのでは成長が期待できない。設備投資をするなど、資本を効率よく使うべき」という批判をたびたび受けることになります。さらに、リーマンショック直後には、保有する現金が時価総額を上回るほどになりました。しかし、しばらくするとそのことが、投資家が同社を高く評価することにつながりました。金融不安が高まると、優良企業であっても資金調達に苦戦を強いられますが、キャッシュを多く持っているこのメーカーはこの困難を回避できるとマーケットが判断したからです。

キャッシュを多く保有していたのは、身内やメインバンクも助けてくれなかったという過去の教訓を生かした戦略です。そして、先に述べた同社の経営危機の際に手を差し伸べてくれた外資系メーカーとは、技術提携、事業提携などといった良好な関係が続いています。それらすべてが、会社の存続と高い評価にもつながったと言えるでしょう。

「キャッシュが多い」「資本を十分に生かしていない」といった点は、過去3年くらいの財務諸表を見た限りでは企業を低く評価する材料になりかねません。しかし、企業の歴史をたどることで、弱点のように見えることから強さを発見することもあるのです。失敗から学んでいる会社や経営者は、本当に逞《たくま》しいのです。

企業から得た情報の確信を得るため、IR以外の部署の人に話を聞くことも大切です。我々のような立場の者がIR担当以外の社員に話を聞くということについては嫌がる会社もありますが、社内の体制などに自信があれば強く断る理由はないはずですから、快く対応してくれるかどうかも企業を知る手掛かりになります。

意外なところでは、就職活動中の学生の話も企業を知るうえで大切な場合があります。社会経験のない学生が優れた会社を見極めることは難しいと思いますが、彼らは就活を通じて集めた情報から、「給料はいいけど若手社員の育成には関心が薄い」「若手社員の退職率が高い」「女性社員が活躍できていない」などのネガティブな実情をキャッチしているからです。そのような企業は、仮に当面の業績がよかったとしても、今後の成長は限定的ではないかと感じてしまいます。

「数字にできない価値」は株価に影響するか

過去30年程度の歴史の検証や、企業理念の浸透具合を確認することは、数字には表すことができない「見えない資産、見えない価値を評価する」というアプローチです。

「非財務情報が投資成果に直結するのか」という質問を受けることもありますし、「見えない資産、見えない価値も、これまでの業績にすでに反映されているのではないか」と言われれば、完全には否定できません。しかし、「数字にできない価値は、長期的に成長できるかどうかを左右するのは間違いない」というのが私の考えです。

たとえば米国の株価についての調査で、「ビジョンが一貫している企業はライバル企業より株価が高い」というデータもありますし、米国の『フォーチュン』が選出した「働きやすい会社上位100社」は、市場平均より株価の上昇率が高いという調査結果もあります。（図⑫⑬）

また、元トップアナリストの佐藤明（現コモンズ投信取締役）の調べによると、役員数の変遷によっても企業価値に差が生じたという検証結果があります。

たとえば1995年は、瞬間的に為替が対米ドルで80円割れするという、当時ではかなりの円高で、海外展開している企業にとっては経営環境が厳しい年でした。佐藤は、ある業界を代表する2つの企業に対し、「厳しい環境の中で成長を維持するには、役員の数を減らして意思決定のスピードを速める必要がある」という提言をしていたそうです。

彼ひとりの言葉に影響されたわけではないと思いますが、A社が役員の数を減らしたのに対し、ライバル企業のB社は逆に役員の数を増やしたのです。結果としてその後、両社の株価には大きな差が生じていきました。（図⑭⑮）

「コマツ」も取締役の大幅削減や、社外取締役・社外監査役の増員を行っています。それは社員から取締役に昇格できる人が減ることにほかならないのですが、それを断行することで意思決定を早め、企業の成長につなげた一例と言っていいでしょう。

こうした経営判断も「見えない資産」であり、長期投資できる企業かどうかの判断材料になります。

⑫ビジョンの価値（見えない資産の例）

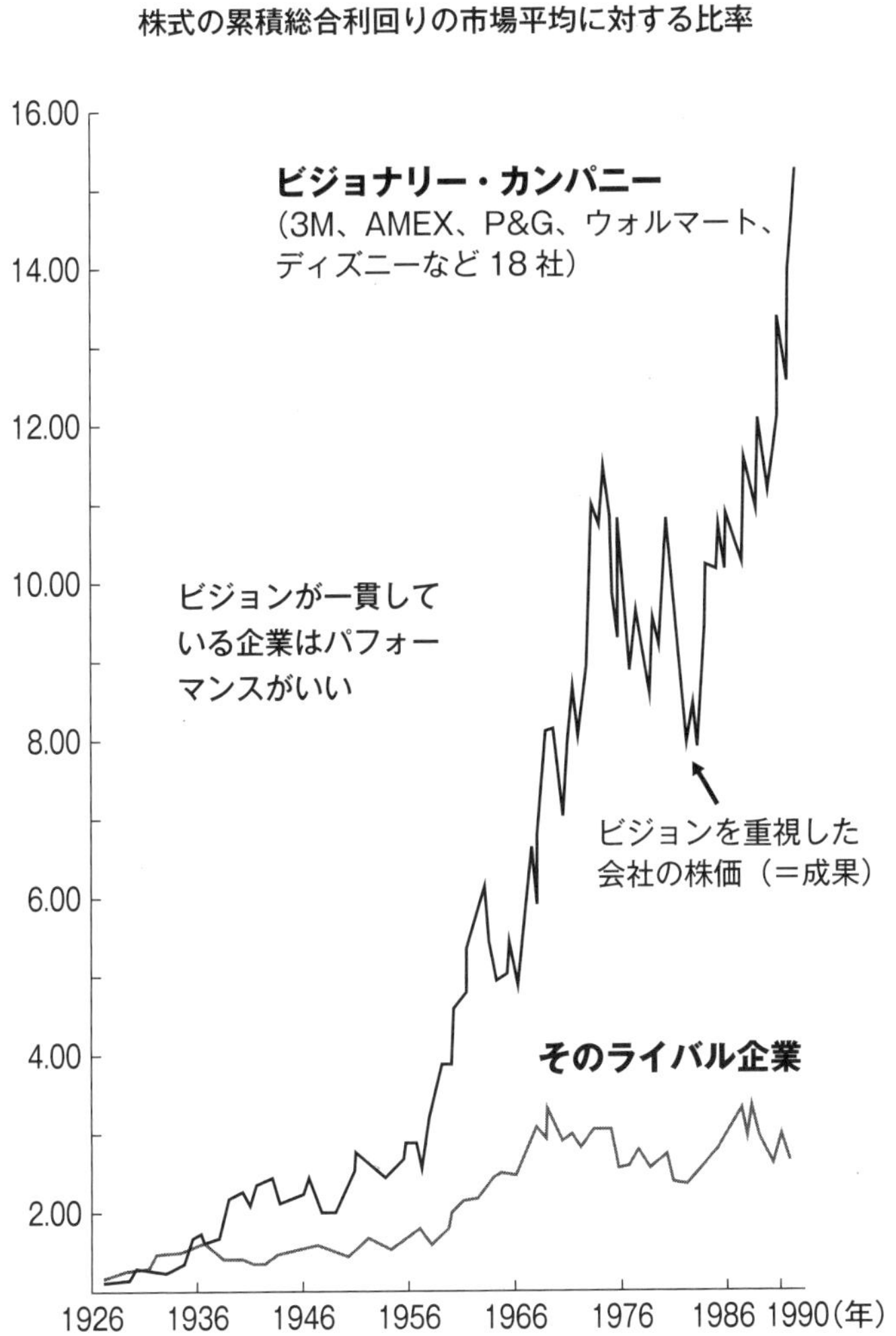

＊市場平均を１とする
＊『ビジョナリーカンパニー』株式会社バリュークリエイト

⑬人材の価値（見えない資産の例）
―働きやすい企業はアウトパフォームした―

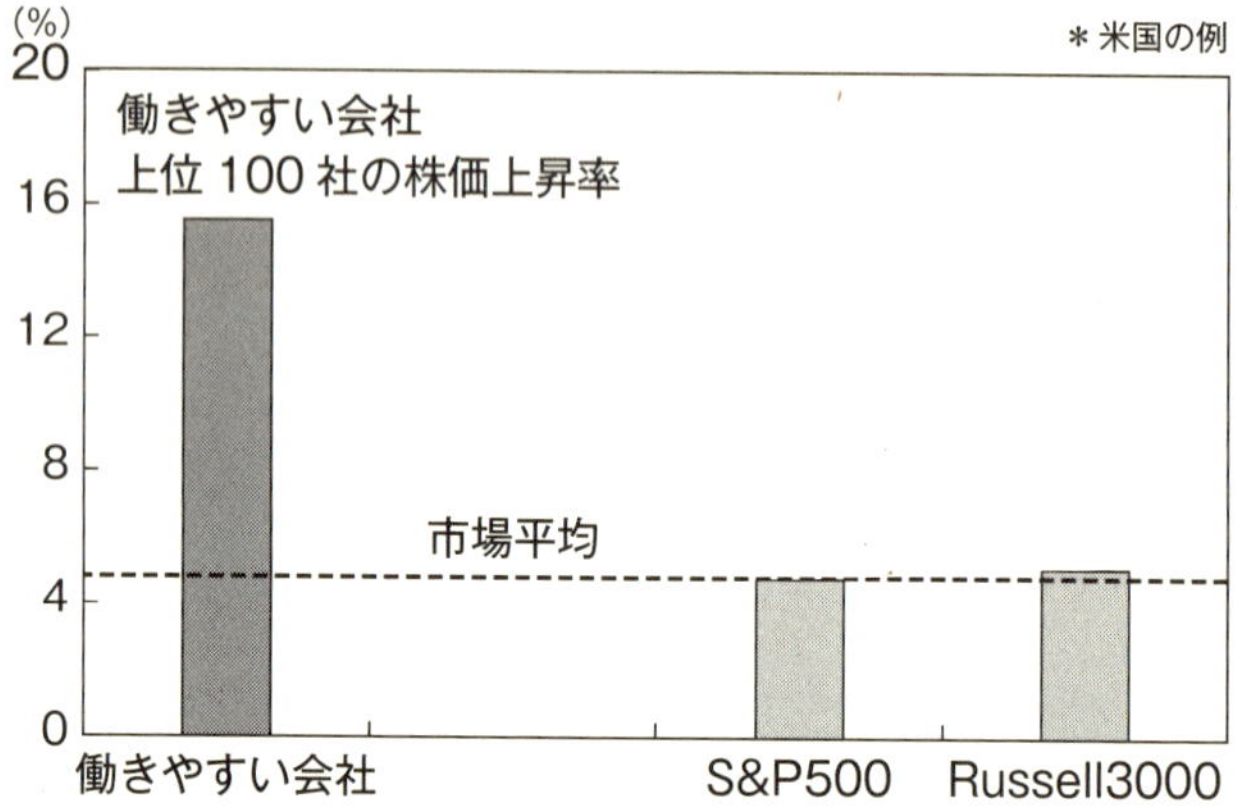

＊ GPTW（Great Place to Work）＝フォーチュン、働きやすい会社ベスト 100 社＝株価の試算（1998-2004：毎年入れ替え）、株式会社バリュークリエイト

⑭ガバナンスの価値（見えない資産の例）
―役員数を減らした会社と増やした会社―

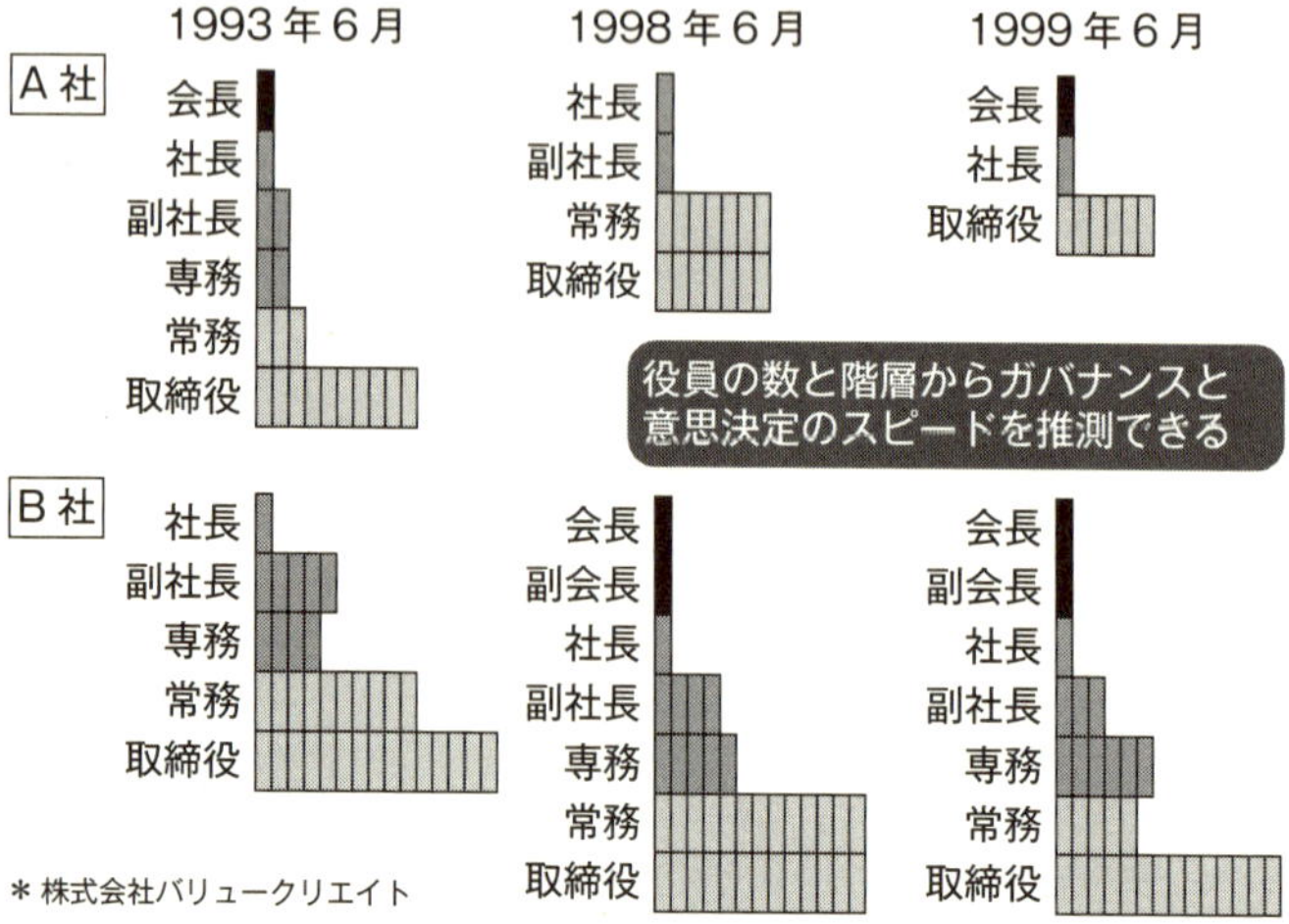

＊株式会社バリュークリエイト

⑮ガバナンスの価値（見えない資産の例）
—スリムな企業のほうがアウトパフォームした—

＊株式会社バリュークリエイト

不祥事の対応に学ぶ

近年では、企業の対話力に基づく透明性や、コンプライアンスに対する高い意識が求められるようになりました。

「見えない資産」「見えない価値」が高い企業とは、まさにこうした点でも優れているわけですが、それでも不祥事に遭遇することはあります。

投資家として事前に不祥事の発覚を予想することはできませんが、定点観測を続けている中で、「なんとなく企業の健康状態が悪くなってきているな」と感じることはあります。「業績低迷の長期化による従業員のモチベーションの低下」「関連部署とのコミュニケーションの齟《そ》齬《ご》が目立ち始める」「キーパーソンの退社」など、さまざまな点から感じとれるのです。

企業の不祥事には、原発事故に伴う電力各社の対応、バブル期から引きずる粉飾決算、証券会社のインサイダー問題、食品会社の成分偽装、個人データの流失などと枚挙《まいきょ》に暇《いとま》がないほどです。

我々もこれまでに、業績は好調、製品はシェア1位、グローバルにも競争力があり、アナリストにも投資家にも人気という企業を、何度調査しても「どうも気持ちが悪い」と感じて投資しなかったことがありますが、その後に不祥事が発覚して、「そういうことだったのか」と納得したことがありました。短期の業績だけに関心を持って調査をしていると、そうしたことは感じ取れないと思います。

長期投資を行うために持続的に成長を高めていける企業を探す際には、企業との対話をさまざまな角度から行うことで、透明性やコンプライアンスの意識が高いか、企業理念に基づき従業員に笑顔が溢れる文化を持ち、不祥事が起こりにくい体質かどうかなどの点に注意を払いながら選別していかねばなりません。これも、長期投資家だからこそできるリスク管理だと思っています。

また、問題、課題を抱えていても、「当社には現在、こういう不安要素がある。そのため、こういう対策を打っている」といった具体的な話が出てくる企業なら、その問題が成長にプラスに働く場合もあります。抱えている問題やウィークポイントを経営者が認識し、それが社内で共有できているということは、それが克服される可能性があるからです。

別のケースでは、「会社のナンバー2は問題を認識しているのに、トップは認識していない」という例もありました。それは、ナンバー2が口にした愚痴から感じたことです。問題が共有されていれば課題克服のための動きがあるはずで、愚痴など出るはずがありません。表向きには何も起きておらず業績も好調でしたが、「強いところを強調して見せているだけであって、健康状態は必ずしもよくなく、先々厳しいのではないか」と判断したこともあります。

投資家として「非財務情報までアプローチして企業価値を把握し、そのうえで投資判断したい」という我々の思いに応《こた》えて企業が話してくださるのは、我々が短期目線の投資家とは一線を画した「長期投資家」として歓迎されているからだと思います。手前味噌になりますが、「ほかの投資家とは違う観点で話ができる」「話していて楽しい」と言っていただくこともよくあります。そんな信頼関係の中で運用ができるのはとても幸せなことです。

個人投資家にも成長銘柄は選べる

個人の方が企業を訪問したり、ライバル企業に話を聞いたりするのは現実的ではありませんが、私は個人にも銘柄選びはできると思います。

個人が銘柄を選ぶ際に大切なのは、「身近な企業から探す」「好きな会社に投資する」という視点です。

たとえば長年の「アップル」ファンであれば、1998年にiMacを発表したとき、2001年にiPodを発表したとき、2007年にiPhoneでスマートフォン市場に参入したとき、そして2010年にiPadを発表したとき、それぞれのステージで業績の拡大、株価の上昇を予想できたのではないでしょうか。この間、株価は数十倍になっています。

世界的に著名な投資家であるウォーレン・バフェットのように「コカ・コーラの株を買う」というやり方もあります。バフェットは長期投資のスタイルで銘柄を厳選し、長期にわたって高い運用成果をあげている投資家です。彼は、「コカ・コーラは世界中で販売されており、飲む人は減る様子がない。価格競争にも参加していないし、今後も売り上げが継続するのは確実と考えられるので、コカ・コーラの株を買った」と話しています。

事業を多角化している企業については判断が難しいのですが、コカ・コーラ社なら誰にとってもわかりやすいと言えます。また部品メーカーなど、取引相手が企業である「B to B」の会社については、一般の方にとっては競争力があるのかなどの判断は難しいのですが、一般消費者と取引をしている「B to C」の企業であれば、その商品力やブランド力などは肌感覚でわかると思います。

「消費者の視点」はとても大切です。

あなたのお友だちがレストランを出店するというなら、立地や味のレベル、価格設定、サービスの質などから、そのお店が繁盛するかどうかはなんとなく予想がつくのではないでしょうか。反対に、まったくわからない分野など、判断がつかないものには投資するべきではありません。

「わからないものには投資しない」というのは暗黙のルールであり、バフェットも、「事業の内容が理解できることが投資のポイント」と説いています。半世紀以上、市場と対峙《たいじ》してきたバフェットでさえ、わかりにくいものは避けているのです。彼はきっと、中学生くらいの子どもにも理解できるようなものでなければ投資しないだろうと思います。

前出の佐藤明は、「ソニーのCMに韓流スターが出演したのを見て、ソニーの競争力に疑問を感じた」と言います。CMにスターが登場することは珍しくありませんが、「ソニーはそれまでCMに有名人を起用せず、商品にスポットが当たる手法をとっていた。スターを登場させたことで、スターのブランド力やカリスマ性を借りざるを得なくなったと感じた」と言うのです。

どんな感覚を持っているかはアナリストやファンドマネージャーによって異なりますが、それも面白い視点だと思います。また佐藤は、「テレビアニメの『サザエさん』が東芝の1社提供でなくなったことにも、かなりのインパクトを感じた」と言います。銘柄選びのヒントは意外なところ、身近なところにあるものかもしれません。

景気動向や日銀の金融政策などを踏まえて投資のタイミングを考えるのは、プロにとっても難しく、個人投資家の方は、「好きな会社」を研究して成長性を探るほうが実践しやすいと思います。

たとえば「ユニ・チャーム」のオムツは、中国をはじめとするアジアでも大きな売り上げをあげています。こういった商品は、いったん使い始めた人たちが「景気が悪いからもう使わない」ということにはなりにくいものです。景気動向をうかがって投資判断をするより、個別企業の商品力などを知ったほうが銘柄を選びやすくなり、リターンを得るチャンスも広がるのです。

もちろん、業績や株価水準はきちんと確認する必要があります。これは言うまでもないことです。

ある創業企業経営者の奥様（80代）は、「株で損した経験がほとんどない」とおっしゃいます。「年4回発行される『会社四季報』を発売日に買い、その日のうちにすべてのページを見て、業績がいい企業を絞り込む。その後は、チャートを長期で見て株価の動きの癖を把握し、買うレベルを決める。あとはその値段になるのをひたすら待つ。この方法で投資をすれば負けることはほとんどない。証券会社の人は短期しか追わないから、歴代の営業の担当者に『長期の視点』の大切さを私が教えていた」と、笑いながら話してくださいました。

証券会社には自社の資金を売買する自己売買という部門がありますが、私が証券会社に勤務していた頃に自己売買部門で働いていた人の中にも、『会社四季報』は発行されたその日のうちにすべて見る。全上場企業のデータを横断的にチェックするのは楽しくて仕方がない」という人がいました。

２人に共通するのは、誰かに勧められた銘柄に投資したり、マネー雑誌などの２次情報を読んで投資を実践したりするのではなく、加工されていない１次情報を自分の目でチェックし、銘柄を選んでいることです。自分なりの方法を見つけることができれば、銘柄選びを楽しむこともできるはずです。

配当利回りで株を買うのは正解か

配当を目的に銘柄を選ぶのも悪いことではありません。

利回りを得るには国債など債券に投資する方法もありますが、日本をはじめ、世界的に国債の利回りが下がっており（日本の10年長期国債の利回りは０・５％台。２０１３年3月現在）、利回りを狙う資金は、不動産や配当利回りが高い株に向かっています。

予想配当利回りは「１株当たり予想配当年額÷株価×１００」で計算され、株価が１０００円で1株当たりの予想配当が25円の場合、配当利回りは年2・5％です。東証一部上場銘柄の平均は現在2％程度（2013年3月現在。以下同）で、銘柄によっては年4〜5％の配当を得ることもできます。

たとえば「丸紅」は3期連続最高益予想（『会社四季報』ベース）という中で、配当利回り4％弱、「三菱商事」は3％弱で推移しています。配当利回り4％の銘柄に投資し、その後も減配にならなければ、投資から13年で、また配当利回り5％の銘柄なら10年で、投資額の半分を配当金で回収できる計算です。

「ローソン」のように、株主重視の姿勢から配当利回りを3・5〜4％を目処《めど》にすることを表明する会社もありますし、株価動向も踏まえて配当を検討してくれるというのは大きな魅力です。株価の下落局面においても、配当利回りの高い会社は高配当という魅力が下支えになり、株価が下がりにくい傾向にあります。株価が多少下がっても、配当が得られるなら保有を続けようという投資家がいるため、売りが抑えられるのです。

現在は預貯金では高金利は期待できませんから、配当利回りの高い株で配当収入を得ることは合理的な考え方と言えます。

創業間もない企業や高成長の過程にある企業では、「配当」より「投資」を優先させるケースがあり、かつては「マイクロソフト」も設備投資を優先するため配当を行わない主義でした。企業の成長にお金を使い、それが実って企業が順調に成長を続ければ、企業には利益が積み上がり、利益の一部を配当に回す余裕が出てきます。

マイクロソフトは２００３年からは配当を行うようになりましたが、成長のための投資に消極的になったのではなく、「投資を続けてもなお、配当する余裕がある」と捉えるべきでしょう。

日本の企業で配当利回りが高くなっているのには、業績がいい企業でもそれに相当するほど株価が上がっていないため、計算上、配当利回りが上がったという要因もありますが、それ以上に、株主を重視するために配当金を増やしたためと言えます。

成長意欲がないのでは困りますが、業績が上がっている中で配当を増やしているケースなら、株主にとっては歓迎すべきことであり、増配できるのは事業がうまくいっている証拠でもあります。

株価が著しく低いことで配当利回りがよく見える会社、また業績が下がっているのに無理に配当を出している会社は問題ですが、好業績が伴った高配当の企業を投資対象として考えるのは悪くないと思います。『会社四季報』を見て増配している会社をピックアップし、業績をチェックしてみるといいでしょう。

また、株主構成を確認すると、配当の意識が高くならざるを得ない企業も見えてきますので、配当予想と併せて確認すると面白いと思います。

短期投資はやや投機的、長期投資が本来の投資

世界中、特に日本で顕著なのが、投資家の視線が短期的になっていることです。

個人投資家の株取引のうち、90％程度がネット証券からの注文になってきていますが、その多くは信用取引などの短期売買で占められていると推測されます。

株価が少しでも上昇したら売却するという短期投資は、企業価値を見て投資するというより、株価の動きに勢いのある銘柄や、割安感のある銘柄を買い、業績の上方修正や新技術の発表、また日銀の金融緩和や為替の変動など、なんらかのニュースによって株価が上がったところで利益を確定するというパターンが中心になります。

さらに、２０１３年1月からの信用取引の規制緩和後は、デイトレーダーが復活していますので、当日のニュースや需給動向による売買が急増し、投資が一層超短期になっています。

「価値」を買うのではなく、「価格」を売買するやり方とも言え、やや投機的です。うまくいけば10回のうち7回くらいは勝つかもしれませんが、短期では利益も大きくないので、３回負けるだけで利益が飛んでしまうこともしばしばです。

また、仕事や家事・育児を持った個人が相場を見ながら売買をするには限界があり、現実的に

はかなり難しいはずです。

銘柄を選択して投資を行うアクティブファンドのファンドマネージャーは、投資した銘柄について、どの程度まで株価が上昇するかといった目標株価のイメージを持っています。短期の目線で考える場合には、たとえば1年後の目標株価を設定し、そこに届いたところで利益を確定させ、再度、株価が下落したら再投資するという運用手法をとる例もあります。そういった手法も否定しませんが、短期的な株価の動きは市場に参加するほとんどの投資家が見ており、その中で読みが当たった誰か、運がよかった誰かが利益を得るという世界です。

長期投資では、そこに勝負をかけることはしませんから、金融緩和などのイベントリスクに右往左往する必要はほとんどありません。

財務データには表れていない企業の価値を考慮するため、長期投資家の目標株価はかなり高い水準になります。たとえば、株価１０００円の銘柄が10年後に３０００円になるという目標を設定したとすれば、イベントリスクで短期的に株価が下がっても、逆に短期間で大きく値上がりすることがあっても、いずれの場合も慌てて売る必要はないのです。

足元に注意しつつ、少し遠くに目線を上げる。それが個人に合う株式投資の姿ではないでしょうか。

長期保有する胆力があるか

前述のように個人投資家にも銘柄を選択することは十分可能です。しかし「持ち続ける」ことは簡単ではありません。

どんな企業も日々、市場の評価にさらされ、株価は日々変動します。イベントリスクによって株価が低迷することもありますし、成長力のある銘柄であっても、一時的に株価が急落することもあります。そんなときでも持ち続けられるか、また持ち続けていいかを判断するのは難しいところです。

新しいニュースがどんどん入りますし、アナリストによるレポートもいろいろと出てきます。業績の悪化といった一時的な事象や、短期的な値動きに惑わされないような胆力を持つ必要があり、場合によっては売却の決断をすることもあり得ます。いずれの場合も、企業調査と検証を徹底し、企業価値が毀損していないか、描いた成長ストーリーの実現性はあるかを常に検証していく必要があります。それができてこそ、長期保有、長期投資が可能になるのです。

恋愛で言うと、愛情を深めて結婚に至るまでも大変ですが、結婚したあとの関係づくりもまた重要というわけです。

多くの場合、日々のニュースやアナリストのコメントは短期的な視点で語られており、長期的に成長できる企業を選ぶという観点で考えると、単なる「ノイズ」になりがちです。

ウォーレン・バフェットは米国の金融街・ウォール街とはあえて距離をとって自身の出身地であるオマハに拠点を置いており、アナリストレポートは見ないと言っています。

ボストンなどで活動する運用会社もありますし、長期投資を行う英国の運用会社には、ロンドンではなく、世界遺産の都市でもあるエジンバラにオフィスを構えているところもあります。エジンバラの運用会社に研修にいった私の友人は、オフィスに株価チャートがなくて驚いたそうです。「見るのは企業価値であり、チャートではない」と言うのです。「遠くから見たほうが正しく見える部分がある」ということなのでしょう。

それでも、出てきたノイズを検証する作業は欠かせません。短期的な値動きに惑わされるというのではなく、出てきた材料を「企業価値を毀損するものでないか」「長期的な企業の成長ストーリーを阻害しないか」という視点で定点チェックを重ねていく必要があります。

売却すべきか、保有を続けていいかどうかを判断するための検証作業は簡単ではありません。個人では限界があり、市場に惑わされ、売るべきではないタイミングで売ってしまったり、検証できないまま保有を続けて損を広げてしまったりという失敗もしがちです。それが、個人で長期投資を行うことの難しさです。

株価が下がると怖くなって売り急ぎ、将来得られたはずのリターンを取り損ねてしまう、逆に、下がったことに嫌気がさしてそのまま放置してしまうといったことも多いのではないでしょうか。投資した銘柄のフォローができないことが、そのような失敗を招いてしまうのです。

「銘柄を厳選すること」「マネーの暴走に巻き込まれずに冷静な視点で検証し、長期で成長を取り込むこと」。この2つが投資で成功するために大切なことです。

日本の資本市場には長期資本が足りない

投資先候補として調査した、あるネット系会社の有名経営者と、こんな会話をしたことがあります。

その方はこう切り出しました。

「伊井さんも経営者として1日24時間、会社のことを考えていますよね?」

私が、「時々、夢にも出てきます」と答えると、その方はこう言いました。

「私は毎日のように夢に出てきます。起きている時間も寝ている間も、会社のことを考えている。それなのに、これまで調査にきてくださったアナリストや投資家の方々は決まって私が考えているうちの1~2時間のことしか質問してくれない。ほかの22~23時間のことは誰も聞こうとしません」

この1～2時間というのは、「四半期決算の業績」に関してです。

21世紀に入ってからの新興国の台頭、エネルギー問題など、企業を取り巻く環境は激変しています。経営者の平均在籍年数は5年程度ですが、大きな環境の変化の中にあって、経営者の考える時間軸は長期化してきています。海外にはどう進出すべきか、エネルギー問題にどう対応するか、優秀な人材をどう確保し育成するか、資金調達はどうするか。経営者はみな、長期的な視点でさまざまなことを考えているのです。

一方で、多くの投資家が短期重視になっています。それでは、市場で最も大切な「多様性」も薄れてしまいます。

多くの投資家が長期的な視点で経営者が考えていることに興味を示さないのは、直近の業績にはあまり関係しない話だからかもしれません。しかし、そこには企業の成長性を左右する要素が隠れているはずであり、そこを知ろうとしなければ、投資判断はできないのではないでしょうか。

実は海外では、「短期投資」とか「長期投資」といったことは、あまり議論になりません。なぜなら「投資」とは、そもそもが「長期投資」だからです。

翌日、その社長さんからは、「ああいうディスカッションをしたかった。私が考えている『24

時間』について議論することができて、久しぶりに脳みそが汗をかいた。別の視点でモノを見るきっかけにもなり、有意義な時間だった」と長文の御礼メールをいただきました。

国内経済に期待が持てず、新興国にリターンを求めようとする個人投資家も多い状況ですが、企業経営者は個人投資家の何倍も真剣に、海外進出やM&Aといった成長機会を求めています。従業員とその家族、たくさんのステークホルダーを抱え、長期的な戦略を考えているのです。

リーマンショックのあと、G8がG20になり、アメリカの政治学者、イアン・ブレマー氏が「指導国のいない『Gゼロの時代』に突入した」と言ったように、世界が多極化していることは間違いありません。新興国の経済が大きく成長し、先進国の考えだけで方向性を舵取りできた世界から、いろいろな価値観がぶつかり合い、社会の認識や価値観が劇的に変化するパラダイムシフトが起きています。原発問題も大きなきっかけになりましたが、エネルギー問題も含め、地球全体が変わろうとする段階にきています。

世界が大きく変わるのであれば、ビジネスにも変化が求められます。そのため経営者は、足元の業績を強固なものにすると同時に、将来に向け、目線を遠くに置いて経営戦略を立てる必要に迫られているのです。

たとえば私が自動車部品の会社を経営しているとします。日本の自動車産業は世界のトップを走る大きな産業です。景気サイクルによって業績の変動はあったにしても、これまでは会社の存続についてまで考えることはありませんでした。しかし２０２０年には次世代自動車が保有シェアで19％、販売シェアで42％に達するとの試算が出ています（環境省）。ガソリン車では約３万５０００点の部品が必要ですが、電気自動車で必要とされるのはわずか７０００程度です。私が経営しているのがエンジン周りの部品を製造する会社なら、「自分が社長をしている間は大丈夫かもしれないが、将来的に我が社はなくなるかもしれない」と危機感を持つはずです。

カセットテープはすぐにはなくならないと言われていましたが、あっという間にＣＤが取って代わりましたし、液晶テレビも予想を超えるスピードで普及しました。パソコンからスマートフォンやタブレットへの移行も予想以上のスピードです。世の中、変化が起きると、皆が予想するよりその変化は速いものです。「我が社も変化に対応するために何かしなければならない」。私が経営者ならば、自動車部品以外のモノを作るために設備投資をしようと考えるでしょう。

しかし、株主からは反対されます。「新しい事業はしばらく赤字ですよね?」「３年は赤字の見込みです」「事業の柱に育ちますか?」「チャレンジですから、やってみなければわかりません」「それなら、やめてください。今出ている利益は配当か自社株買いで還元してください」などと言われてしまうでしょう。経営者が会社の存続をかけて将来のためにチャレンジしようとしても、短期志向の投資家にとって大事なのは「目先のリターン」です。新規事業に経営資源を大きく割くことになれば、短期投資家は離れていくかもしれません。

世界のパラダイム（枠組み）が変わる中で、経営の視点は長くなり、会社側は中長期を見据えて経営の意思決定をし、新しいビジネスのポートフォリオを作りたいと考えます。しかし多くの投資家は、「すぐそこにリターンがあるのか、ないのか」という基準で投資判断をしがちです。足元の業績が悪くなれば、その先どうなるかにかかわらず株が売られ、株価が上がれば上がったで、利益確定のために売られてしまう。そのような短期の視点で集められた資金だけでは、長期目線で経営戦略を立てる企業の力にはなりません。

以前、大手電機メーカーでＩＲを担当していた友人は、長期投資で名高い運用会社である「キャピタル・インターナショナル」にどうやって自社の株を買ってもらうかが社内の課題であり、世界中のキャピタルのファンドマネージャーが集まる年1回のミーティングの席に経営トップをどう呼んでもらうかに心を砕いたと言っていました。

２００９年に公的年金や生命保険会社、損害保険会社、外資系運用会社などの機関投資家と、長期投資研究会という定例の勉強会を持ちました。年金基金も保険会社も、30～40年といった長期にわたって資金を運用していく必要がありますが、さまざまな制約から、長期目線で運用するのは難しいとのことでした。長くて3年程度の目線で投資をしていると言います。

株取引の6割強を占める外国人投資家もヘッジファンドが中心であり、彼らの主な投資目的は長期運用ではありません。証券会社が自らの資金で行う自己売買も、もちろん短期的な投資です。

つまり、日本の株式市場には短期売買の人が圧倒的に多く、長期資金が本当に乏しいのです。短期投資そのものが悪いというのではなく、短期売買する人がいるからこそ市場の流動性が確保され、売買がスムーズに行われているという面もあります。しかし、マーケットは「多様性」が重要であり、長期資金が少ないのは大きな欠陥と言わざるを得ません。企業の長期的な成長を支える長期資金が不在であり、経営者が長期的な事業を行うのには、なんとも心もとない状態なのです。

企業は過去最大規模の現預金（内部留保金）を有し、その資金でグローバル化や研究開発などを行っていますが、投資家によって長期資金が供給されれば、さらなる成長のための強い支えになると考えられます。

企業が成長すれば雇用も生まれますが、企業が成長しなければ雇用も失われます。企業が長期的に大きく成長するために必要な資金を提供し、投資家は長期的に安定したリターンという果実を受け取る。そうした資金循環をつくることが、今まさに求められているのです。

第3章　あるべき「投資信託」の姿とは

あなたには「銘柄選び」と「成長性の検証」ができますか？

前章で、「身近な企業から成長銘柄を探す」「配当利回りで銘柄を選ぶ」など、個人でも銘柄選びは可能だと述べました。しかし、現役世代が定年後を見据えて、30年といった長期で成長を続けられる企業を選び、長期にわたってその成長性を検証していくことはできるでしょうか。

「できる」という人はそれでいいと思います。

しかし、仕事や家事・育児をしながら、また趣味を楽しみながら、投資した銘柄をフォローしていくというのは、「負担に感じる」「自信がない」という人が多いのではないでしょうか。

いくら慎重に銘柄選びをしても、絶対に値上がりするという保証はありませんし、一時的にであっても、大きく値下がりすれば、それがストレスになってしまいます。

また、資金が大きく目減りすることを防ぐためには、複数の銘柄に投資し、ある銘柄の値下がりを別の銘柄がカバーするといった「分散効果」を得られるようにすることも大切です。複数の銘柄に投資するにはある程度の資金も必要ですし、分散効果を得るには、異なった値動きをしやすい銘柄を組み合わせなければなりません。

実際のところ、個人が、日々の生活を送りながら長期目線で株式に投資することは、簡単なことは言えません。「株式市場と対峙することを楽しめる」という人を除けば、短期目線の投資はさらに難しいはずです。

そこで考えたいのが、「投資信託を使って日本株に投資する」という方法です。

投資信託を使うということは、銘柄選び、分散効果が得やすい銘柄の組み合わせ、保有している銘柄の検証など、すべてを任せるということであり、日々、株価をチェックしたり、企業の成長性を検証したりする必要はありません。１万円程度から購入できるというのもメリットです。

資産形成や資産運用は、教育費、老後資金の準備など、何かの目的のために行うものであり、運用そのものが目的ではないはずです。現役世代の方はもちろんのこと、リタイアされた方でも平均寿命を考えれば20年、30年以上の運用期間がありますから、無理なく、ストレスを抱えずに長く続けられる方法を選ぶことが大切だと思います。

インデックス型とアクティブ型はどちらが優位か

投資信託には、ＴＯＰＩＸや日経平均に値動きが連動するインデックスファンドやＥＴＦもありますが、先に述べたとおり、日本株市場全体が長期的に成長を遂げることは考えにくいと言えます。長期目線での資産形成、資産運用を考えるなら、長期成長が期待できる銘柄を選んで投資する、「アクティブ運用型のファンド」が適しているでしょう。

しかし、ここ数年はインデックスファンドを選ぶ人が増えており、特に金融についての知識が豊富な人ほどインデックスファンドを支持する傾向にあります。その理由は、「コスト」と「運用成績」にあります。

アクティブファンドの購入には1・5〜3％程度の販売手数料がかかりますが、インデックスファンドにはここ数年で、販売手数料がかからないノーロード型のファンドが増えています。保有中に資産から差し引かれる信託報酬も、アクティブファンドでは年1〜1・5％程度であるのに対し、インデックスファンドでは0・5％未満に抑えられているものもあります。コストを抑えることはリターンを得るための重要な要素ですから、インデックスファンドの低いコストは投資家に支持される理由のひとつになっています。

またアクティブファンドのうち、株価指数を上回る成果をあげているのは全体の3割程度との調査もあり、大半は株価指数の騰落率を下回っています。これでは「アクティブファンドには期待できない」と考える投資家が増え、「プロの投資家（運用会社）であってもいい銘柄を選ぶことができないのだから、インデックスファンドでコストを抑えた運用をしたほうがいい」と思うのも無理はありません。残念ですが、日本のアクティブファンドの多くは投資家からの信頼を得ていないのです。

つまり、「アクティブファンドはコストが高く、成績もよくない。それなら低コストのインデックスでいい」。インデックスファンドを支持する人の多くは、こうした理由から選んでいると考えられます。

「インデックスとアクティブはどちらが優位か」といった議論もよく見られますが、市場は多様性が重要であり、どちらか一方がよいというわけではありません。アクティブ運用の「価格発見機能」、すなわち多様な投資家の見通しをもとに市場に流動性を供給する機能と、「効率的な資金配分機能」、すなわち成長期待のある企業に資金供給し、そうでない企業から資金を引き揚げる機能が健全に働いてこそ、インデックス運用のリターンも上がるというものです。

アクティブファンドの成績はなぜ悪い？

それにしてもなぜ、アクティブファンドの運用成績は芳《かんば》しくないのでしょうか。

理由としてまず挙げておきたいのは、「ベンチマーク」の存在です。

ベンチマークとは、ファンドの騰落率を比較、評価するための指標、つまり運用力を計るための「モノサシ」です。日本株に投資するアクティブファンドの多くは、ベンチマークとして「TOPIX」を採用しています。

ベンチマークがＴＯＰＩＸである場合、ファンドの騰落率がＴＯＰＩＸの騰落率を上回っていれば、ファンドの運用力は「優れている」と評価されます。一見、理に適《かな》っているような印象を受けますし、ＴＯＰＩＸが上昇したときにそれより高く上がるのはいいことでしょう。

しかし、ＴＯＰＩＸが下落したときはどうでしょうか。たとえば、ＴＯＰＩＸが20％下落し、ファンドが10％の下落であれば、ＴＯＰＩＸより下落を抑えられたということで、ファンドの運用はやはり「優れている」と評価されることになります。つまり、「ベンチマークを上回る成果を目指す」と謳っているファンドは、「ＴＯＰＩＸに勝っていればいい」ということになり、必ずしも「絶対的なリターンをあげる」「託されたお金を増やす」という目標を掲げてはいないのです。機関投資家の株式運用を受託する際には、こうしたベンチマークも必要なのですが、個人の資産運用には必要とは思われません。

ＩＴバブルの崩壊、リーマンショックなど、世界的に株価が下落する局面では、株式市場から一気に資金が流出してしまうため、いくら成長性のある銘柄を選んでいたとしてもリターンをあげるのは難しいと言えます。しかし、大きなショックから時間が経過し、値上がりする銘柄もあるといった状況においては、「市場平均が下がっているからリターンは得られない」というのでは資金を託す意味がありません。

また、「ＴＯＰＩＸが４割下がったけれどファンドの騰落率は３割しか下がっていないから、このファンドは運用が巧《うま》い」と言われても納得できないでしょう。しかも、実際には、高い販売手数料や信託報酬を払ったあげくＴＯＰＩＸに勝てていないファンドが多いのですから、アクティブファンドに絶望する人が多いのも無理からぬことです。

さらにベンチマークがあることで運用に制限が生じやすいことも見逃せない事実です。ファンドの値動きがベンチマークから離れてしまうことを「ベンチマークと乖離《かいり》する」と言いますが、乖離が大きい場合は、その理由について機関投資家から必ず説明を求められます。ベンチマークを大きく下回っている場合はもちろんですが、ベンチマークを大きく上回っていても、「リスクの高い運用をしているのではないか。今はいい結果が出ているが、リスクを高くしている分、状況が変われば、逆にベンチマークを大きく下回ってしまう可能性もあるのではないか」という懸念を持たれるためです。

このようなことから、運用会社としては、「リターンを最大化する」より、「ベンチマークとかけ離れない無難な運用成果」「ベンチマークより少し高い運用成果」を心掛けるようになってしまう傾向があります。

そうなると、どうしても「ベンチマークを意識した運用」になりがちです。

たとえば、成長性が期待しにくい大企業があったとしましょう。リターンを優先して運用するなら、その企業には投資しないはずです。しかしＴＯＰＩＸと乖離しないことを優先させ、「ポートフォリオに加えておく」という判断になることが考えられます。こうした期待のできない銘柄も、「持たない」ではなく、「ウェイトを少し下げて持つ」ことでベンチマークを上回ろうとします。

このようにベンチマークがあることで、銘柄選びの基準そのものが変わってしまうのです。業種についても同様で、「電力株は当面、投資ができない」と思っていたとしても、「TOPIXに電力株が含まれていれば投資せざるを得ない」という判断にもなります。

投資のタイミングについても、ベンチマークに縛られることがあります。

言うまでもありませんが、リターンを得るには、株価が高騰しているときより株価が下がっているときに買うほうが有利です。市場がなんらかの理由で高騰しているときには投資をせず、下がるまで待つという投資判断があってもいいでしょう。

しかしベンチマークと大きく乖離しないことを目指すのであれば、投資を控えることはマイナスに働きます。投資のタイミングを待っている間、ファンドは現金を持っていることになりますが、現金で保有する部分は株価の影響を受けないため、現金を多く持っているほどベンチマークと乖離しやすくなってしまうのです。

また、現金の比率を高めているときに相場が反転すると、ベンチマークの上昇に追いつけなくなるというリスクを抱えることになり、結果的に評価を下げることにもなりかねません。それならば「ベンチマークと乖離しない無難な運用をしていたほうがいい」ということになり、株価が高騰していようが、「株を持っているべき」という判断になりがちなのです。

ベンチマークとの乖離を「トラッキングエラー」と言いますが、多くのアクティブファンドでは、リターンがどうではなく「トラッキングエラーを管理すること」が命題であり、「お金を増やすこと」へのインセンティブは働きにくくなるというわけです。

とても不思議に感じると思いますが、残念ながら多くのファンドはそういう状況に置かれています。

金融の知識がある人の中には、アクティブファンドのポートフォリオを見て、「これではインデックスと変わらない」といった批判をする人もいます。

しかし、少数ではありますが、ベンチマークに縛られず独自の運用を行うことで、指数を大きく上回る成績をあげているアクティブファンドもあります。本当にいいアクティブファンドを選ぶことは簡単ではありませんが、先述のとおり、日本株についてはインデックスファンドではリターンが得にくく、アクティブファンドを上手に選ぶことが有力な選択肢なのです。個人投資家においては、アクティブファンドの中でもベンチマークを持っていないファンドを選ぶべきだと思います。

一方、高成長に入った国の株式に投資する場合には、インデックスファンドでも十分なリターンが期待できます。新興国は国の経済全体が大きく成長すると考えられていますから、銘柄選択の必要性は低く、「指数を買う」というコストを抑えた投資は合理的だと言えるでしょう。

アクティブファンドの悲しき誕生物語

アクティブファンドが苦戦しているのには外部的な要因もあります。

そのひとつは、「ファンドが誕生する背景」です。

まず知っておきたいのは、日本の運用会社の多くは「証券会社や銀行の系列会社」である、ということです。

運用会社にとって、親会社である証券会社や銀行は、ファンドを売ってくれる「販売会社」でもあります。販売するのが親会社で、経営者も親会社の人間、社員にも販売会社からの出向者がいるとなれば、どうしても親会社のほうを向いて仕事をするようになってしまいます。

「キャピタル」や「フィデリティ」「バンガード」といった外資系、また国内にも一部、「独立系の運用会社」はありますが、それ以外は販売会社と運用会社の間に「親会社と子会社」の関係があり、ファンドの企画も「販売会社主導」で進められるケースがほとんどです。

投資信託の残高約60兆円のうち、99・6％は銀行と証券会社が販売しており、運用会社が直接、投資家に販売した割合はわずか0・4%です（2013年2月現在）。日本の銀行や証券会社などの販売会社は圧倒的な販売力があり、販売会社が投資家ニーズの最大公約数を想定して販売計画を策定し、運用会社はそれに合わせてファンドを組成しているというのが現状です。

販売会社が売りやすいのは「投資家に勧めやすいもの」であり、BRICsが話題になっているときにはBRICsに投資するファンドなど、その時々の旬、そのとき景気がいい国、話題のテーマに投資するものが中心になります。販売会社は、あくまでも「たくさん売ること」を目的にしていますから、系列の運用会社などに旬なファンドを企画するようにオーダーをします。毎月20〜30本ものファンドが誕生しますが、販売会社の意向に基づいて、「旬なもの」が設定され続けることになるのです。

セミナーでこうした現状についての説明をした際、ある女性が「よくわかります」と話してくださいました。その方には、メインバンクにしている銀行から、時折「新しいファンドが出ましたのでいかがですか?」という電話がきていたそうですが、まとまったお金を預けてからは、それこそ毎月のように「新しいファンドが出ました」という電話がくるようになったそうです。「それまでは、1年に1〜2度新しいファンドが出ていると思っていたのですが、実は、こんなに次々と新しいファンドが出ているのだと知って驚きました。『お薦め』のファンドが頻繁に出てくるので、どれに投資すべきかわからなくなりました」とおっしゃいます。

食べ物や飲み物、ファッションなら、「旬なもの」を買うことは、多少値段が高くても、それに見合った満足感を得ることができるでしょう。それなら生産者と購入者の間はまさにウィンウィンの関係です。

しかし、株式や債券、投資信託などの価格変動のある金融商品の場合はどうでしょうか。相場の有名な格言に「麦わら帽子は冬に買え」というものがあります。麦わら帽子の需要がなくなる冬に安い価格で買いつけておいて、需要が増えて価格が上がる夏に売れば大きく儲かることを意味しています。運用の世界も同じことが言えます。「多くの投資家が注目しているときには買わず、誰も振り向かなくなるようなときに買えば成功しますよ」という意味です。逆に言うと、食べ物や飲み物、ファッションなどとは違い、「旬な投資」は典型的な失敗事例につながりやすいことを先人は教えているのです。

「旬な投資」をしてしまいがちなのには、「情報」という仕掛けも無関係ではありません。

金融知識を学ぶために、マネー雑誌を購入したりネットを検索して勉強される方も多いと思いますが、注意が必要です。週刊誌であれ月刊誌であれ、マネー雑誌はより多くの部数を販売することが目的ですから、巻頭カラーで力を入れているコーナーは、まさに「旬な情報」が多くなりがちです。巻頭カラーで多くの人が目を通す時点で「夏の麦わら帽子」です。

こうした記事は、旬な情報であることを認識したうえで読むことが大切ですし、読むならば、私は雑誌の後半にある「税制や年金などの仕組み」「旬を狙わないコラム」などを大いに投資の参考にされることをお勧めしています。

また、インターネットの普及によりプロ顔負けの情報も収集できるようになりましたが、報道機関の方々が書く記事ですら注意が必要な時代になりました。インターネット上での広告が活発となり、記事の評価においてページビューが重要になってきているからです。どんなにいい記事を書いてもページビューが少ないと評価がされにくくなり、逆に、「旬な記事」を書くことでページビューを稼ぐような傾向が強まっています。良質な記事がなかなか目立たないところにあったり、表面的な記事が目立つところにきていたりすることもよくあるのです。

では、金融機関からの商品提供はどうでしょうか？

２０１２年の１年間で、契約型公募投資信託の新設ファンド本数は４４３本でした（投資信託協会調べ）。これほど多くのファンドが誕生していることをご存じでしたでしょうか。日本の投資信託業界では、商品を育てていく文化よりも、「旬な商品」を次々と出していく傾向があります。これは業者側の販売戦略でもありますが、投資家も「旬な商品」を望んでいる側面があると思いますので、どちらが悪いという問題ではありません。

「短期的な利益」を狙う場合には、旬な情報を利用することも合理的ですが、公的年金を補完する「じぶん年金」や「教育資金」などの長期的な資産形成には、こうした「旬な商品」は不向きです。日本では「旬な商品」に人気が集まりますが、米国の投資信託業界のように、ロングセラー商品が常に資産残高の上位にくることが本来は望ましい姿だと思います。

情報収集をしたのはいいけれど、「旬な情報」ばかりが身について、そのうえ金融機関からは「旬な商品」を勧められる。気がつくと手元には「夏の麦わら帽子」ばかりが揃っているといったことがよくあります。そして夏の麦わら帽子の多くは「塩漬け」になりがちです。この悪いサイクルを遮断し、いいサイクルを身につけることが大切です。

業界は投資信託が長期保有されることを望んでいない

『日本経済新聞』によると、過去10年のデータで推計した投資信託の平均保有期間は2・3年と、ますます短期化する傾向にあるようです。２００８年は平均保有期間は4年を超えていましたが、リーマンショック後の09年には3年超に、そして、12年には2・3年にまで短期化しました。投資信託は本来、短期売買には向いていないにもかかわらずです。

こうした傾向には、投資家にも金融機関にも問題があると思われますが、まずは、販売会社である金融機関側から見た「販売のされ方」を考えてみましょう。

運用会社が直接、ファンドを販売する「直販投信」はいずれもノーロード（販売手数料無料）

ですし、ネット証券やネット銀行でもノーロードのファンドが増えてきていますが、ほとんどのファンドでは「投資額の○％」という形で販売手数料が定められています。

販売手数料はファンドの内容について説明を受けたり、購入の手続きをしてもらったり、その後のフォローをしてもらうことに対する費用として購入時に一度だけ負担するものであり、全額が「販売会社」の収入になります。

またファンドを保有している間は、ファンドごとに定められた信託報酬が、託した資産から日々、差し引かれます。これはファンドの運用や資産の管理を任せたり、運用報告や分配金の支払いを受けたりするためのコストであり、「運用会社」「受託会社（信託銀行）」「販売会社（銀行や証券会社）」にあらかじめ決められた比率で配分されます。これはファンドが運用されている間ずっと入ってきますので、「ファンドの純資産が増えるほど各社の利益も増える」という仕組みです。

信託報酬は「託している資産額に対して年間１％」などと料率が決まっているため、ファンドが値上がりしたり、新しい資金の流入によってファンドの純資産が増えれば、関係する各社が受け取る信託報酬の金額は大きくなります。信託報酬１％のファンドで、純資産が10億円なら信託報酬は年間１０００万円ですが、純資産が１００億円になれば信託報酬は1億円です。１０００億円なら10億円にもなります。

ファンドが値上がりして資産が増えれば、投資家もハッピーですし、「運用会社」や「受託会社」は信託報酬が増えてハッピーと、ウィンウィンの関係に見えますが、「販売会社」の立場から考えると見え方は少し違ってきます。

たとえば新興国株に投資するあるファンドを例に考えてみましょう。

このファンドの販売手数料は3・5％です。そして、投資家が負担する信託報酬は年1・9％、そのうち、「販売会社」の取り分は0・7％です（いずれも別途消費税）。

販売会社には、販売時に3・5％の販売手数料、その後は毎年0・7％の信託報酬が入りますが、0・7％の信託報酬を手に入れるよりも収益を増やす方法があります。

もうおわかりかと思いますが、「そのファンドを売って、新たに別のファンドを買ってもらう」という方法です。

もちろん、より値上がりが見込めるものへの乗り換えを勧めるということが大前提ですが、投資家がそれに応じれば、販売会社は再び多額の販売手数料を受け取ることができます。つまり、年間0・7％の信託報酬より、乗り換えを勧めたほうが手数料収入は多くなるのです。販売会社にとっては、顧客に「ひとつのファンドを持ち続けてもらう」ことには大きな意味はなく、別のファンドに乗り換えをしてもらったほうが儲かるというわけです。

先述のとおり、運用会社より優位な立場に立っている「販売会社」ですが、彼らには、コストをかけずに長期保有を前提としてじっくりとファンドを育てていこうという意思が芽生えにくい構造があります。それが、日本には長期投資にふさわしいファンドが少ない大きな理由になっていると言えるでしょう。

また、投資家側にも問題はありそうです。

たとえば、投資信託協会が投信保有者・保有経験者に行った調査では、「分配金が支払われた分だけ基準価額は下がる」といった基本的なことを知っていた人は全体の２割しかいなかったそうです。

日本にはロングセラーのファンドがない

北米で最大規模のファンドのひとつに、米国大手運用会社の「キャピタルリサーチ（キャピタル）」が１９３３年から約80年にわたって運用している米国株ファンドがあります。運用資産は16兆円に及び、年平均12〜13％の高いリターンをあげています。

日本には、その時々に大きな資金を集める「ベストセラー」はありますが、何十年もの間支持されてきた「ロングセラー商品」はほとんどありません。１９６１年に大和投信が設定した日本株ファンドは長く運用が続けられているファンドですが、純資産総額は10億円に満たず、非常に残念に思います。

米国では過去のトラックレコード（運用実績）をチェックしてファンドを選ぶことがセオリーとして定着しており、海外の金融関係者に会うと、「日本ではトラックレコードがないファンド（新しく出るファンド）が売れるのはなぜか」との質問をよくされます。いつも説明に苦慮しますし、「日本人は新しいもの好きなんですか？」と言われてしまいます。

数十年という長期にわたって運用されてきたファンドの存在には、投資家にとっても、とても大きな意味があります。

キャピタルのファンドは、戦争もオイルショックもブラックマンデーも経験し、それらを乗り越えて年率10％を超えるリターンを残しています。株式市場には、いつどんなことが起きるかわかりませんが、「運用開始から数十年を経たファンドなら、戦争やブラックマンデーをも乗り越えたのだから、この先どんなことがあっても長く持っていればリターンが取れるだろう」と考えることができるはずです。これはとても健全な姿だと思います。

日本にもこのようなロングセラー商品が出てくることが望まれますが、そのためには、販売会社側も投資家側も意識を変えていく必要があります。

日本では、10年前と現在とでは、純資産残高上位ファンドの顔ぶれが大きく異なっていますが、米国ではファンドの純資産残高上位はほとんど変わらず、上位には長きにわたって支持を受けてきたロングセラー商品が名を連ねています。

むしろ米国で大きく様変わりしているのは「企業の時価総額トップ10」です。古くは「ゼネラルモーターズ」などが上位にいましたが、現在では「グーグル」や「アップル」など、ＩＴ系を中心とした新しい企業が登場しています。

そこにはロングセラーのファンドをはじめ、投資家の行動が多分に影響しています。ロングセラーのファンドに長期資金が集まり、そのファンドが長期投資に適う企業を探して投資する。そんな健全な運用が行われると、いい会社が買われ、逆に投資家から選ばれない企業は淘汰されます。また、買収による業界再編、あるいは倒産した企業を再生ファンドが抱えて再上場するなどの変化も起きます。

長期投資家の銘柄選択によって市場に規律が働き、業界再編や産業構造にも影響を与え、新陳代謝が起きやすくなるのです。

日本はどうでしょうか。本来は成長期待が持てる銘柄を選択するべきであるアクティブファンドも、その多くはベンチマークにＴＯＰＩＸを採用した運用をすることが多いため、本当の意味での銘柄選択が遂行されていない場合があります。また、インデックスファンドは銘柄選択をしないため、「いい企業の株」も「よくない企業の株」もセットで丸ごと買うことになります。日本では機関投資家もインデックスを意識したパッシブ運用を中心としているため、結果として、企業にいい意味での規律が働かず、市場に新陳代謝が起きないのです。

新陳代謝が起きなければ、市場は活性化されません。その結果、市場全体が低迷し、個人投資家が株式投資に希望を持てなくなるという悪循環に陥っています。

長く投資家に支持されるロングセラーのファンドがあれば、そこに長期投資の資金が集まります。運用会社に個人投資家から長期資金が託され、運用会社に「いい企業を見極める力」があってこそ、投資家にはリターンがもたらされ、市場は効率化され、企業の成長が促されます。そして、「投資家にはリターン」「企業には成長」「運用会社は信託報酬」といった、トリプルウィンの関係を築くことができるのです。

残念ながら日本にはロングセラー商品もなく、現状ではロングセラーに投資したい場合は米国など海外市場のファンドを買うしかありませんが、その選択は多くの人にとって現実的ではないでしょう。実際には、ロングセラーを目指し気合いを入れて運用されているファンドを見極め、少額ずつ投資をしていくことが好ましい方法だと思います。

日本にないロングセラー投信を育てる

先日、ＮＰＯ金融知力普及協会が主催する「エコノミクス甲子園」で講演する機会を頂戴しました。高校生が経済や金融の知識で争う大会です。

各都道府県の予選を勝ち抜いてきた高校生チームの決勝大会が東京で行われたのですが、高校生に「投資信託は知っていますか?」と聞くと、約8割の高校生が知っていましたし、驚いたのは、さらにそのうちの8割くらいが「投資信託は優れた商品である」と理解していたことでした。経済や金融に詳しい高校生が集《つど》っていたとはいえ、仕組みとしての投資信託の優位性を理解していることには驚きました。日本における投資信託の保有世帯が数%であることを考えると、この次世代の主役たちの期待に運用業界は真剣に応えないといけません。

通常の投資信託は販売手数料が高いため、そもそも短期的な投資には向きません。本来、長期的な資産形成に適したこの投資信託を、いかに現役世代の資産形成に活用していくかが、大きくは日本の課題でもあります。

私が大学卒業から約30年間、金融業界に身を置き、状況を観察していても、そういうファンドが生まれる素地がなかなかできませんでした。

それなら、「あるべき姿を目指して起業しよう!」。それが我々の原点です。

個人投資家の方との対話やセミナーなどを通じて感じるのは、「日本株ファンドの中で常にトップの運用成績をあげられるファンドに投資したい」とか、「とにかく大きく儲けたい」という方より、「まずまずのリターンが得られて、安心して持っていられるファンドに投資したい」と考える方が多いということです。

「とにかく高いリターンがほしい」というのでは、いつも値動きにハラハラするようなことになります。経済やマーケットに強い関心があり、ある程度の時間をかけることができて短期目線の投資を好む人、ドキドキを楽しめる人はそれでいいでしょう。しかし現実には、「いいと思って選んだ銘柄が大きく下がって塩漬けのまま」「保有していたファンドを諦めて別のファンドに乗り換えたものの、また失敗」といった経験を経て、「リターンはそこそこでいいから損しない投資をしたい」「情報に踊らされるのはもうやめたい」と考える人が少なくないようです。

こうしたニーズに応えていくには、新しい金融サービスのスタイルが必要だと強く感じます。収入の一部を積み立て、預金よりもしっかりと増やしたい。まとまった資金を運用したいがストレスを抱えるのは避けたい。そんなゆったりとした姿勢が、シンプルで長く続けられる本当の意味での投資であり、多くの人が求めている運用の形だと思うのです。

目先のリターンを得るために右往左往するより、もっとゆったりした投資をする。そのための選択肢のひとつとして、ロングセラーのファンドを育てなければと思っています。

長期資金を必要とする企業と、地に足のついた投資で資産運用したいという投資家をうまく結びつければ、「企業は成長」「投資家はリターン」というウィンウィンの関係を築くことができるはずです。

「金融」とは「お金を社会に循環させる」こと

現在、ゆうちょ銀行に貯金されている額は175兆円にのぼり、そのうち約80％ものお金が国債で運用されています。たしかに一般の銀行も国債の保有は多いのですが、比率的にも金額的にもゆうちょ銀行は突出している状況です。

国が税収の足りない分を賄うために大量の国債を発行できるのは、それだけの「買い手」がいるからです。最大の買い手は、ゆうちょ銀行を含めた銀行業界です。あまり意識する機会はないと思いますが、「銀行に預金」をすることは「国債を間接的に購入」していることにほかなりません。「100万円の貯金」が間接的に「80万円の国債を購入」しているのと同じなら、直接、個人向けの国債を購入したほうが合理的ではないでしょうか。また、国のお金の使い方に疑問を感じている人ならば、同じお金を、親しみのある企業の株式に投資したほうが納得できるはずです。

お金が最終的にどう使われているかをイメージしていくと、最初は漠然としている運用スタイルも、やがては自分に合った形に整理されていきます。

中国の景気はひと頃より減速したとはいえ、13億人の人が、「明日はまた株価や不動産価格が上がるかもしれない」「来月から給料が上がるかもしれない」とワクワクしながら眠りにつくと言います。対して日本では、「株価や不動産価格がまた下がるかも」「リストラがあるかも」と悲観的なマインドに覆われて眠りにつく時代が続いたとも言えます。経済の成長ステージの違いはもちろんあるでしょうが、このセンチメントの違いは非常に大きいと思います。

高度成長している国で事業を展開する企業は、こうした消費者のアドレナリンを刺激してあげれば満足度を高められますが、日本や欧米のような先進国では、アドレナリンを刺激するだけでは人の気持ちを動かすことはできません。もっと深いところで満足感を与えられるための工夫が必要なのです。

先進国では物質的な豊かさや機能の充実ではなく、心の豊かさにつながるもののほうが求められています。商品で言えば、およそ使いそうもない機能ばかりどんどん追加していくのではなく、デザインや環境などを意識することによって消費者の心の豊かさを満足させることを重視すべきです。また、心の豊かさには自己実現や社会貢献などの要素もとても重要となります。

これは金融にも言えることです。

「これが儲かりますよ」「分配金はこのファンドのほうが多いです」など、金融機関のサービスはアドレナリンを刺激するものばかりで、心を切り口にすることはありませんでした。もちろん運用の目的は「お金を増やす」ことですから、「ハイリターン」という言葉も必要でしょう。しかし、その言葉に乗って損をしてしまったり、必要以上の手数料ばかりかかっていたりするのでは、人の気持ちは疲弊し、いつか動かなくなります。もっと大切な、心の豊かさにつながるような金融サービスが必要なのではないでしょうか。

私は、心の豊かさにつながる金融サービスとは、自己実現や社会貢献につながる「お金の使い方の提案」だと考えています。

日本の国民は世界でいちばんお金を持っていますが、それが有効活用されていないことは本当にもったいない話です。こんなにお金の使い方が下手な国は、ほかにはないと言っていいとさえ思います。

大企業にはお金が回るけれど中小企業には回らない、東京には回るけれど地方には回らないなど、お金の行き先も好ましいものにはなっていません。被災地の復興や、福祉、文化、芸術、スポーツなどには、なかなかお金が回る仕組みがありません。しかし、必要としているところにお金を回すだけで、社会を変えることは可能なのです。

自分のお金が、投資を通じて自分が納得できる企業の成長に使われ、その企業の成長が雇用をはじめ社会に還元され、株価も上昇してそのリターンが手元に返ってくる。そんなストーリーを持った運用、自分のお金の行き先が見える運用ができれば、自分に合った投資のスタイルが見えてくると思います。

我々は毎年の信託報酬の1％相当を社会起業家に寄付するプログラムを実施しています（もちろんファンドの資産からではありません）。これにより、社会的イノベーションに挑む社会起業家を応援しているのです。金融機関の本来の使命は、お金を社会の隅々に循環させて持続性と価値創造を支えることであるはずです。これに、よい世の中のために自ら行動する思いを融合すれば、「共感資本」が生まれると考えています。

また「寄付」とは、一般的に言われるような「社会貢献」や「ＣＳＲ（企業の社会的責任）」活動ばかりではなく、次世代によい社会をつなげる活動への「長期投資」と言ってもいいはずです。短期的に自身に還元されるような投資ではありませんが、社会起業家への寄付は、自分の子どもや孫たちの世代によい社会基盤を築くための「投資」だと考えています。

成長力のある企業に資金を回すこと、必要なことだけれど国も企業も取り組んでいないことを担っている社会起業家に寄付という形でお金を回すこと。それは長期的資本を社会に循環させるための両輪であり、この寄付プログラムも、我々にとって本業そのものと言っていい務めだと思っています。

第4章　リターンを得るための「投資信託」の選び方

過度な分散は意味がない

日本株でリターンを得るために重要なのは、「成長期待の持てる銘柄に厳選投資すること」です。しかし投資家の中には、「銘柄を極端に絞り込むと値動きが大きくなる」と思う人も多いようです。

たしかに、投資信託では1本のファンドが多くの銘柄に分散投資をしており、ある銘柄が値下がりしても別の銘柄の値上がり分がカバーしてくれるといった「分散効果」が期待できます。しかし銘柄数が多いほど分散効果が高まるかといえば、そうとは言えず、各種の研究でも、20ほどの銘柄で十分な分散効果が得られることが検証されています。

値動きにどの程度のバラツキがあるか、価格がどの程度変動するかを示す「標準偏差」という指標があり、標準偏差の値が小さいほど値動きが小さいことを表します。

ファンドを中立的な立場で評価している評価会社「モーニングスター」では「個別ファンドの標準偏差」、また、「同じタイプのファンドとの比較データ」を公表しています。

たとえば100銘柄以上に投資しているAファンドと、約30銘柄に投資しているBファンドを例に、銘柄数の違いによって分散効果に差が生じるかを比べてみると、Aファンド（銘柄数は約

110）の過去1年間の標準偏差は126ファンド中56位、Bファンドは4位となっています。過去3年間で見ても、Aファンドは118本中38位、Bファンドは4位と、いずれも銘柄数が少ないBファンドのほうが値動きは小さいという結果になっています。

これまで述べてきたように、日本株でリターンを得るには成長期待が持てる銘柄だけを厳選して投資する必要があり、銘柄数を過度に増やすことは効果的ではありません。「十分な分散効果が得られる銘柄の組み合わせを意識しながら、銘柄を絞り込む」ということが重要なのです。

かつての読売巨人軍は4番バッター経験者がたくさん集まっていましたが、それではなかなか勝つことはできませんでした。出塁率の高い先頭打者、走者を進塁させることができる2番打者、チャンスを広げる3番打者など、打順に応じた技術を有する選手が揃ってこそチームの総合力がアップします。

ファンドもそれと同じで、市況や景気の変動、グローバルな構造変化などがあっても、片方に極端に振れることのない強いチーム（ポートフォリオ）づくりが求められます。そのために重要なのは、「銘柄の組み合わせ」を熟慮することです。

具体的には、「成長性が高い銘柄」のほかに、「景気が変動してもまずまずの成長が期待できる銘柄」「安定感が魅力の銘柄」などに分散投資をする必要があります。安定感が魅力の銘柄とは、下値抵抗力のある銘柄（ディフェンシブな銘柄）であり、高成長するというより、景気に左右されにくく安定的に稼ぐ力がある銘柄です。

異なる性質を持つ銘柄を組み合わせることで、「負けにくい」ポートフォリオができるのです。単に「数が多ければいい」ということではありません。

むしろ過度に多くの銘柄に投資すると、すべての銘柄に目が届きにくくなり、「競争力が落ちて成長性が損なわれている」といった変化に気づかないというリスクも生じます。「少数精鋭」、かつ「組み合わせの妙」が重要というわけです。

ここ2年ほどは、機関投資家の中でも銘柄を厳選して投資することが重要だという認識が広がってきています。

年金基金の運用においては、一定の安全性を求め、株式や債券、国内や海外と、資産を分散させて運用する「アセットミックス」という手法が主流であり、各資産への投資は市場平均に連動するインデックス投資が基本でした。しかし経済のグローバル化と資本の自由化によって資産分散の効果が得にくくなっているほか、先進国の経済が低成長になっている中、市場平均に連動する投資手法ではリターンを得るのは厳しいという認識が広がり、指数といかに距離を取るかが課題になっているのです。

機関投資家の中でも「確信の持てる20~30銘柄に集中するのが適切ではないか」という考えが広がり、集中投資の機運が高まってきています。

企業の「これからの姿」で業種分散を図る

景気サイクルなどにより、自動車や不動産などの業種が好調な時期や、薬品や食品など、景気の影響を受けにくい業種が強さを発揮する時期もあり、株式に投資するファンドでは、全体の値動きを抑えるために業種分散を図るのが一般的です。

東証では上場企業を33の業種に分類しており、投資信託ではこの業種分類を参考にしながら業種の配分を考えることが多いと思います。しかし、企業によっては必ずしも分類された業種と企業の実態がマッチしていない例もあり、東証の分類をベースにしたのでは、思うような分散効果が得られない可能性があります。

たとえば「資生堂」は東証の業種分類では「化学」となっていますが、同社の実態を考えるとその分類には少し違和感を覚えます。

同社の美の感性は巨大市場・中国で受け入れられ、アジア人の肌を知り尽くした技術、おもてなしの心（接客力）は高い支持を受けています。化学というのも間違いではありませんが、成長の牽引力になっているのは「感性」「技術」「接客力」です。暮らしを充実させたいと願う人や、美にお金がかけられる人が増えるほど、資生堂の成長が加速すると考えることができるため、

⑯未来コンセプト10業種

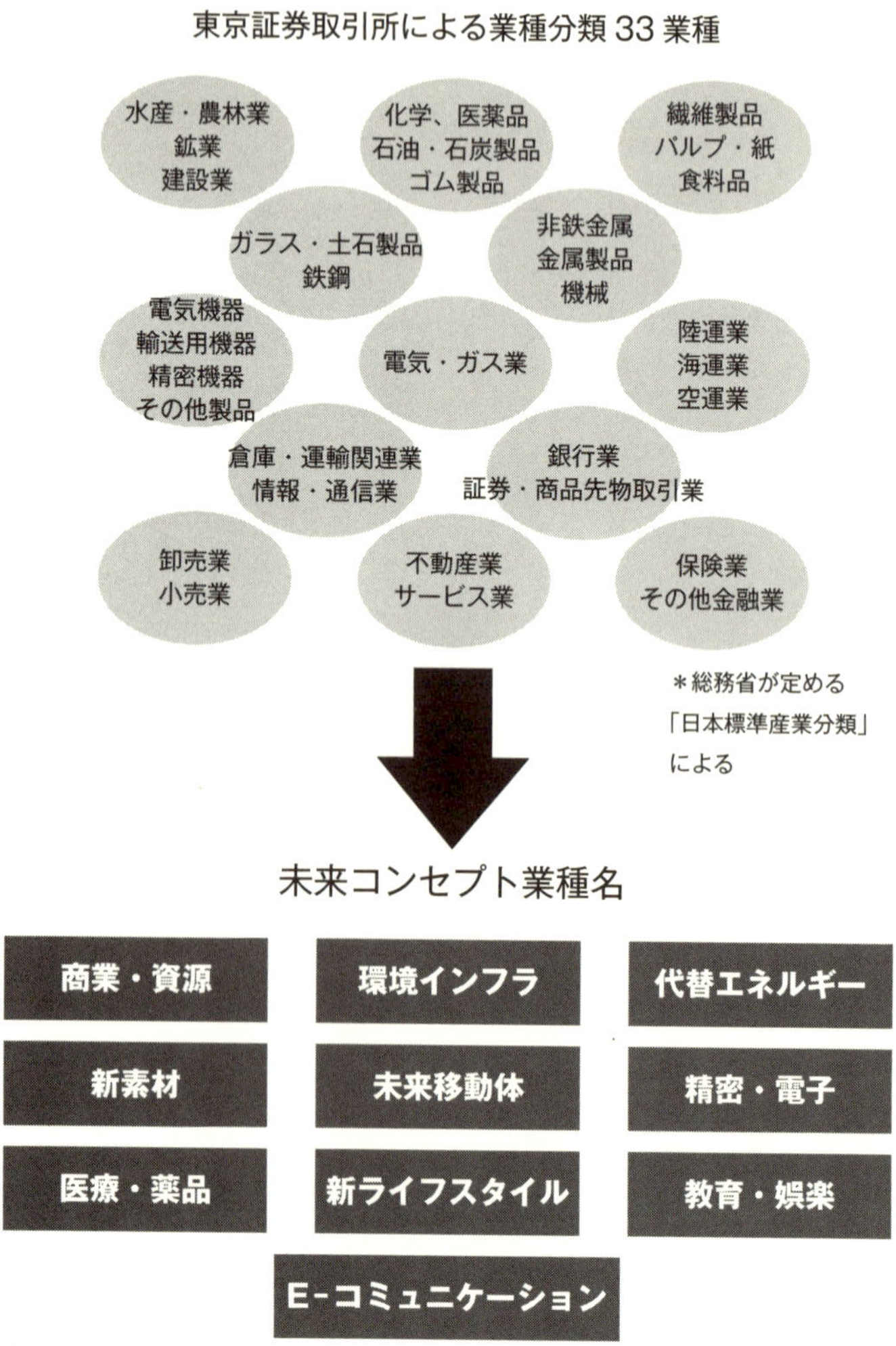
東京証券取引所による業種分類33業種
水産・農林業
鉱業
建設業
化学、医薬品
石油・石炭製品
ゴム製品
繊維製品
パルプ・紙
食料品
ガラス・土石製品
鉄鋼
非鉄金属
金属製品
機械
電気機器
輸送用機器
精密機器
その他製品
電気・ガス業
陸運業
海運業
空運業
倉庫・運輸関連業
情報・通信業
銀行業
証券・商品先物取引業
卸売業
小売業
不動産業
サービス業
保険業
その他金融業
＊総務省が定める
「日本標準産業分類」
による
未来コンセプト業種名
商業・資源
環境インフラ
代替エネルギー
新素材
未来移動体
精密・電子
医療・薬品
新ライフスタイル
教育・娯楽
E-コミュニケーション

我々は「新ライフスタイル」というカテゴリーに分類しています。「ファーストリテイリング」も東証では「小売業」とされていますが、正確には、販売だけでなく自ら製造も行う「製造小売業」ですし、「ベーシック＋機能性」を追求した製品で時代の要請に応えているという性質を踏まえると、「新ライフスタイル」と位置づけたほうが、企業の実態をより正確に表しているように思います。

このように、企業の実態や収益の源泉を見極めて企業の分類を行うことが、効果的な業種分散につながります。

また長期的に成長を続けられる企業を選ぶためには、企業が将来、どんな分野で活躍できるか、その将来像を描くことも重要です。未来を築くことになりそうな「代替エネルギー」「E－コミュニケーション」など、東証の業種分類に固執《こしつ》せず、企業の将来像を見極めたうえでの業種分散を図ることが重要と考えています。（図⑯）

強い企業には下値抵抗力がある

個人の資産形成では、「安心して保有していられる」ことがとても大切であり、ジェットコースターに乗っているかのようにハラハラドキドキするようでは続けることができません。その意味でも、「大きく値上がりする一方で、下落幅も大きい、値動きの激しいファンド」より、「適度に値上がりし、市場全体が下がっているときにもある程度下げが抑えられるファンド」が望ましいと思います。

なるべくストレスを感じることなく長期保有するためには、特に「下落相場に強い」ことが重要です。

市場全体が下がっている局面でも、ある程度抑えられた値動きが期待できるのは、「クオリティの高い銘柄でポートフォリオが構成されているファンド」です。

市場全体が下がるのは基本的に景気に先行き不安があるときですが、このようなときに真っ先に売られたり、値下がり幅が大きくなったりするのは、業績が不安定な企業、財務基盤が盤石とは言えない企業などです。また、業界シェアが高い企業なら「景気が低迷しても業績の悪化はある程度限定される」、財務状況が良好な企業であれば「業績が悪化しても破綻のリスクが小さい」などと考えられますが、そうでない企業に対しては景気後退に伴って業績などに不安感を強める人が多く、より早く売られる、より多くの人が売るという現象が起きてしまいます。

一方、市場全体が上昇する局面というのは、「株価の水準訂正」が行われている状態です。ここで言う水準訂正とは、安く放置されたままの銘柄が買われる局面です。このときは、それまでに売り込まれていた株が、買い戻しも交えて大きく値上がりします。景気の先行き不安などで売り込まれた銘柄は、景気が回復するまでの間、放置されやすい傾向にあり、大きく下がったままである分、上昇する余地も大きいというわけです。

対してクオリティの高い会社は、景気後退局面での株価の下落幅が小さいため、景気回復局面での反発もやや小さくなります。そのため、クオリティの高い銘柄を組み入れたファンドは、景気回復局面では市場平均より値上がりが小さくなることがあります。

保有しているファンドや、投資を検討しているファンドが、市場の下落局面に強いファンドかどうかを知るためには、どんな銘柄が組み入れられているかをチェックしてみるといいでしょう。また運用報告書や運用レポート（多くのファンドが月単位や週単位で発行）では、ＴＯＰＩＸとの値動きを比較したデータが記載されている例も多いので、「ＴＯＰＩＸが下がっているとき、ファンドの値動きはどうなっているか」を確認するという方法もあります。運用報告書や運用レポートは、運用会社のウェブサイトで閲覧できます。

期待銘柄に資金が集中するリスクはないか

「優れた複数のファンドマネージャーが、長期的に成長が期待できる銘柄を厳選すれば、選ばれる銘柄が重なり、特定の銘柄に投資が集中するのではないか」という質問を受けることがあります。

特定の銘柄に投資が集中すれば、その銘柄の株価が割高になるという懸念も生じますが、結論から言えば、あまり心配する必要はありません。

野村総合研究所上席研究員の堀江貞之さんが、主に機関投資家向けに運用されている集中投資型（銘柄を絞り込んで投資するタイプ）のファンドについてまとめたレポートがあります。それによると、13の運用会社が投資した企業は延べ328社で、そのうち8割は1社の運用会社のみが保有していた（銘柄が重なっていなかった）ということです。堀江さんが4社のファンドを対象に行った別の調査でも、全体の9割の銘柄はほかの運用会社が選んだ銘柄と重なっていなかったそうです。

堀江さんは銘柄が重ならない理由について、「優良企業の定義には多様性がある」ということを挙げています。どんな企業を優良と考えるかは運用会社によって異なり、選ぶ会社も違ってくるということです。

ファンドマネージャーを複数集め、約3600の上場銘柄から各自が100銘柄を選べば重なる銘柄も多数あると思われますが、ここからさらに30銘柄を選ぶと、顔ぶれはかなり違ってくるでしょう。ファンドの運用においては、リスクを抑えるために特定の業種に偏らないように銘柄を選ぶ必要がありますし、株価水準によっては、候補にしている銘柄でも選択肢から外さざるを得ないこともあるからです。

つまり、3600社からの引き算を重ねて最後に残った銘柄には、ずいぶん違いが出るということです。

たとえばサッカー好きの人10人が、ワールドカップを控えた日本代表の監督になったとします。各自が最終合宿に招集する30人を選べば7割は重なるかもしれませんが、そのあと、最終メンバー23人、さらにスターティングイレブンを決めるとなると、監督の個性や戦術によって顔ぶれが違ってくるはずです。FWは前田遼一選手と岡崎慎司選手という人が多いと思いますが、フレッシュな大津祐樹選手を加えたい人、私のように佐藤寿人選手を起用したいと思う人もいるのです。

長期保有できるファンドの条件は「中身が見える」こと

ファンドを保有している人が抱きがちなのが、「このまま保有して大丈夫だろうか」「このファンドでいいのだろうか」という不安ではないでしょうか。

特に株式市場が下落したときには、「どうせ下がっているのだろう」など、半ば諦《なか》めたような心境になり、確認もしないまま放置してしまう人も少なくないようです。そのような状態では保有していること自体がストレスになってしまい、投資を継続することが難しくなってしまいます。

不安を感じる大きな要因は、「保有するファンドがどんな銘柄に投資しており、どんな状態なのかがよくわからないこと」だと思います。

ウォーレン・バフェットは、「リスクとは自分が何をやっているかよくわからないときに起こるもの」と語っていますが、これは、「リスクとは、自分が投資しているお金がどこに行っているかわからないこと」と言い換えることができます。

たとえば、新聞に「A社で不祥事」という記事が出た場合、保有するファンドがA社の株を組み入れていれば、あなたはA社の株を間接的に持っていることになりますし、保有するファンドがA社に投資していなければ、あなたには直接関係のない話題です。いずれにしても、自分のお金の行き先、つまりファンドの中身がわかっていれば、「自分のファンドがどのような状況か、よくわからない」というリスクはある程度避けることができます。

ファンドには複数の銘柄が組み入れられていますが、銘柄数が多いほど、「ファンドの中身」は見えにくくなります。「中身がわからない」ということは、「どんな理由で値動きしているのかがわからない」ということです。自分が知らない間に、知らない理由で値動きしているというのは気持ちのいいものではありませんし、基準価額が急落した際にも、なぜ下がったのかがわからなければ、回復を待つのが得策か、早く解約するべきかを判断できず、もはや自分のコントロール下にはなくなっていると言えます。

１００以上もの銘柄に投資しているファンドではお金の行き先を把握するのは大変ですが、20〜30程度の銘柄に絞っているファンドであれば、どんな企業に投資しているのかおおよそ頭に入れられると思います。

たとえば自分が保有しているファンドが「楽天」や「ベネッセホールディングス」に投資しているということを把握できていれば、インターネットで買い物をしているときに「私のお金の30分の1くらいは楽天に投資されている」などと、お金の行き先を明確にイメージできます。投資している実感も得られるでしょう。

ファンドに組み込まれる銘柄は、各企業の成長性や株価などに応じて入れ替えられますが、入れ替えの頻度が高くないファンドであれば、「お金の行き先」には大きな変化はなく、「知らない間に思っていたものとだいぶ違うものになっていた」ということも避けられます。

「組み入れ銘柄数がいくつか」「どんなものに投資しているか」「値動きがどうなっているか」は、運用会社がウェブサイトで公開している運用レポートにまとめられていますので、保有しているファンドについては3ヵ月に1回程度、確認したいところです。毎週、運用レポートを発行しているファンドもありますが、市場の急落時などは別として、それほど頻繁にチェックを行う必要はないと思います。

情報の充実度はファンドによって異なりますが、「組み入れた銘柄のどんなところに価値を見出したか」「どんな銘柄をどんな理由で売却したか」「どういう理由でファンドが値動きしたか」などが記載されている例もあります。

当社では、ファンドの保有者に投資先の企業を知っていただく機会として、投資家と企業をつなぐ対話の場を設けていますが、それを取材された記者の方から、新聞のコラムに、「こうした対話は、ビジネスとして間違っているのではないか」と書かれたことがあります。「情報の非対称性を利用して利益をあげるのが金融ビジネスである。投資先企業の人を連れてきて、なぜそこに投資したかを説明してしまったら、お客様はファンドを買わずに、その企業の株を直接買ってしまうのではないか。ビジネスをするうえで、なぜわざわざ不利なことをするのだ?」という趣旨の記事でした。

情報の非対称性とは、「情報に差がある」という意味であり、情報の非対称性を利用するとは、「売り手が自らが得た情報の量や質を利用し、情報量の少ないお客様を相手にビジネスをする」ということを指しています。記者の方は、その企業の企業価値を見出したのであれば、黙ってそれをファンドに組み込めばいいことであり、同社の企業価値を細かく伝えたのでは、運用会社としてビジネスにならないだろうと考えたのだと思います。

たしかに投資先や選択した理由まで公表すれば、その企業の株を直接買う人が出てくるかもしれませんが、先述のとおり、株を購入した後のフォローやメンテナンスも重要ですし、個人が短期的な値動きや目先の業績を左右するような材料（ノイズ）に耐えるのも簡単ではありません。

記者の方の考えに共感する金融関係者は多いかもしれませんが、私はそのようなことを気にするより、企業をどう評価したかを伝えることでファンドを「見える化」し、投資家に「お金の行き先」を知っていただくほうがはるかに重要なことだと思っています。また、金融商品を複雑化して収益を優先することよりも、金融商品の透明性を高めることで投資家の裾野を拡大していくことのほうが大切であるとも考えています。

なぜなら、自分のお金がどこに行き、何がどうなれば値動きするのか、それがわからなければ長期保有をすることはできないからです。長期保有できずに解約する人が多ければ、運用もうまくいかず、投資家にも、企業にも、運用会社にもメリットがない、負のスパイラルに陥ります。運用を「見える化」してこそ、投資家はファンドを冷静に選び、また持ち続けることができるのではないでしょうか。

長期投資銘柄でも「売る」ときがある

世界の長期投資ファンドの「組み入れ銘柄の入れ替え」は、年平均でおよそ1～2割と言われていますが、我々も含め、プロの投資家であっても銘柄選びを誤ることはあります。

我々は長期的に企業価値を高めていける強い企業を探し求めており、そのために、常に投資先企業が成長していくための長期的な仮説を立てています。長期投資は、その仮説を日々検証し、補強し、微調整していくことが仕事です。この仮説から大きく乖離してしまうときには、売却を検討しなければなりません。我々が見誤って仮説を立てていた場合もあれば、経営者の交代などにより会社の方針が仮説から離れていく場合もあります。

そもそも長期投資を前提としているので、初めから売却を想定することはありません。しかし、大切なお客様の資金を預かっている立場として、葛藤の末、売却に至ることがあるのです。「プロなのだから失敗しては困る」という方も多いと思いますが、現実には完璧はありませんし、だからこそ銘柄分散という手法をとるのだとも言えますが、どんな誤りがあるのか、誤りがあったときに運用会社はどう対応しているのかを知っておくのは大事なことだと思います。失敗事例が詳しく開示されることは稀《まれ》ですが、運用レポートにそのような記述がある場合はしっかり目を通してください。

ここでは、我々の売却事例について、いくつか述べたいと思います。

経営者に惚《ほ》れすぎて失敗したケースもありました。

ビジネスモデルが優れているうえ、とてもカリスマ性のある経営者でしたので、業績が未達になった際も、経営者の「期ずれしているだけで問題ありません。手応えはあります」との言葉を信じてしまっていました。結果として、半年しても結果は実現せず、決算発表時期までもが当初の予定からずれていくようになりました。さすがにこの時点では売却していましたが、これは典型的な見誤りのケースです。

そのほか我々が売却した銘柄の中には、マーケットでは依然として優良銘柄として高い評価を受けている企業もあります。我々にはいくつか気になる点があり、精査の結果、売ることを決めたのですが、その企業の経営トップにお会いして売却理由をお伝えしたところ、「うーん、いい視点ですね。多くの投資家が当社を褒めてくださいますが、御社の指摘は鋭く、売却の判断も理解はできます。また、その点が改善されたら、ぜひ投資してください」とおっしゃいました。

このように答える経営者も素晴らしいのですが、中長期で企業価値を毀損していく確率が高いと判断した場合には、やはりいったん売却することになります。もちろん、売却後も当該企業への調査は続けていきます。

どんな素晴らしい選手でも、怪我をしたり、パフォーマンスが落ちたりすることはあります。試合に勝つためには選手が回復するまで起用はできませんが、将来性があればリハビリの様子をチェックしながらその日を待つものです。それと同じように、企業の懸念材料がどう解消されるか、入念なチェックが必要なのです。

「資金の流出入」で運用の成否が決まる

運用成績を左右する大きな要素に、「資金の流出入」があります。

資金の流出入とは、投資家がファンドを買うことで新たにファンドに入ってくるお金（流入）、逆に解約によってファンドから出ていくお金（流出）の動きのことで、流出より流入が多い状態を「純流入」「流入が続いている」などと言います。

なぜ資金の流出入が運用成績を左右するのか、新規で数千億円規模で設定されるファンドを例に考えてみましょう。

日本では数千億円規模で新規に設定されるファンドも珍しくはありません（過去最大は、約1兆円を集めた「ノムラ日本株戦略ファンド」です）。こうしたファンドは話題性もあり、募集期間中に大型設定の規模が見えてきます。募集の時点で、運用方針はもちろんのこと、組み入れ候補銘柄などもある程度ディスクローズされていますので、設定日前には別の投資家が、そのファンドが組み入れそうな銘柄を先回りして買う動きも出てきます。

ファンドの設定後は、速やかに組み入れ銘柄を購入していくことになりますが、前述の先回り買いによって高くなってしまった価格で買うことになりますので、どうしても割高な銘柄を揃えたスタートになってしまいます。大型のファンドであるほど、また流動性の低い小型株や社債などに投資するファンドの設定では、より一層、その傾向が強まります。割高な水準でポートフォリオが組まれれば、その後は値下がりするのが必至です。すると、投資家は別のファンドに乗り換えてしまいますし、新たに資金が入ってくることもほとんどないでしょう。

つまり、「ファンドの設定当初に巨額の資金が集まるのは、あまり好ましいことではない」ということです。

先に述べた「旬のテーマ」で企画されたファンドでもよく見られる光景です。

資金が流入するのは設定時だけで、あとは徐々に流出するだけ。このような状況では、たとえファンドマネージャーに運用のスキルがあったとしても、その手腕を発揮することができず、思うような運用成果を得ることはできません。

そもそもお金が入ってこない、流出する（解約される）傾向が続くというのは、販売会社の投資家へのフォローに力が入っていない結果でもあり、それにより一層、資金の流出が進むという悪循環に陥ってしまいます。

新規資金の流入がなくなっているファンドは、運用が活発にできないという意味で「賞味期限が切れている」と言わざるを得ません。ここ数年は、資金が減少したために運用を停止し、予定より早く「繰り上げ償還」されるファンドも少なくないのが現状です（その場合、資産は投資家に償還されます）。

では資金がどう出入りするのがいいのでしょうか。

理想的なのは、設定時に大きな金額というのではなく、少しずつ、できれば定期的に資金が流入し、ファンドの規模が大きくなっていくことです。

巨額なお金が一度に入ってくることは、マーケットに与えるインパクトが大きくなりすぎてしまいますので、運用する側も窮屈になります。逆に、最初はけっして大きくなく、しかし継続的に資金流入があるという形であれば、運用する側にも余裕ができます。

また、新たに買いたい銘柄があったとしても、追加資金が入ってこなければ、保有している銘柄を売却して資金を捻出しなければなりませんが、新たな資金があれば、不本意な売却をする必要もありません。

さらに、継続して資金が流入してくるファンドでは、株価が高騰しているときの運用もしやすくなります。入ってきた資金をそのまま現金で保有することでファンドのキャッシュポジション

（現金比率）を高めておけば、市場が急落した際、現金部分は株価急落の影響を避けることができ、ファンド全体の値下がりを抑えることができます。

このように、適正な資金の流入によって運用の自由度や機動性が高まり、投資判断を反映したスムーズなポートフォリオの構築ができるわけです。

「旬なところで設定され、解約が続くファンド」と「毎月資金が入っていくファンド」を比べた場合、同じマネージャーが運用しても、その成績には大きな差が出るはずです。先日も外資系大手運用会社のファンドマネージャーに、「私も継続的に資金が流入するファンドを運用したい。それだけで勝ったようなものですよね」と言われました。資金流入の続くファンドなら、彼らの力が１２０％発揮できると言っていいでしょう。

いいファンドかどうかはコストにも表れる

投資でリターンを得るには「コストを抑える」ことも大切です。特に長期で投資を考えるときには、とても重要なポイントになります。しかし、ただ「安ければいい」という発想には違和感を覚えます。

私自身が個人投資家という立場になった場合を想定して考えると、説明や助言を受けたい、セミナーなどで学びたいという場合、そして、その内容が満足できるものである場合には、その対価として相応の販売手数料を負担してもいいと思うでしょう。

ある程度の販売手数料がかかるというのは、私の感覚では「あり」ですし、「ノーロードで提供すべき」「ノーロードでしか買わない」という風潮には疑問が残ります。むしろ、販売手数料を受け取る側が、それに見合ったサービスをしっかり提供することに力を注ぐべきでしょう。

ただ、ここ数年の販売手数料の上昇は行きすぎだと思います。感覚的には、対面での商品購入のケースでは、今の販売手数料の半額くらいが妥当かと思います。ネットの場合は、販売説明が直接ありませんので、ノーロードに近い水準が妥当に思えますし、積立購入の場合は、初回購入時に販売手数料がかかっても2回目からはノーロードになるような仕組みがあれば納得感が得られるのではないでしょうか。

信託報酬についても同じです。

信託報酬は運用やファンドの資産を管理するコストとして投資家が負担するもので、基準価額や騰落率も、この信託報酬を控除した数値になっています。

投資信託は、しっかりとした運用を行うことで投資家にリターンがもたらされ、投資先の企業には資本が供給され、運用者も適正なフィーを得て事業が継続できるという、「三方よし」の関係を築くことができる仕組みになっています。無謀な手数料は是正されるべきですが、ウィンウインでいくためには適正水準のフィーがあって然《しか》るべきで、歪みのあるコスト体系では、いい運用や情報提供、そして優れたリターンも実現しにくくなります。

年金基金を運用する機関投資家には、「いい運用をしてくれるなら相応のコストを負担する」「合理的な手数料を支払う」という考え方が根づいています。コストを重視するのは正しい考え方ですが、コストにこだわりすぎるあまりに商品の選択肢を狭めているとしたら、いいファンドを選ぶ機会を失うことになりかねません。投資家の方々には、コストの「水準」だけでなく、その「中身」にも目を光らせていただければと思います。

とはいえ、残念ながら、現実には好ましくない状況があるのも確かです。

たとえば資産の額が2倍に増えても、運用や管理にかかる労力が倍増するわけではありませんから、資産がある程度増えたところで、そこから先の信託報酬を引き下げるという手数料体系をとることは十分可能なはずです。

純資産額が多くなれば、販売会社が担う運用報告書の送付や、受託会社が担う資産の管理も効率化できますから、運用会社が販売会社や受託会社に対して、「自分たちの取り分も下げるので協力していただけないか」と依頼すればいいのです。交渉はさほど難しいことではないはずですし、運用会社が主体性をもって適正なコスト体系を考えることが重要だと思います。

しかし多くのファンドでは、純資産の額にかかわらず投資家が負担する信託報酬は一定になっています。しかも「運用会社」と「販売会社」の配分比率の内訳を見ると、純資産が増えるほど運用会社の取り分は減り、販売会社の取り分が増えていくケースもよく見かけます。これは販売会社が自らの取り分を多くするために考えた仕組みです。このような感覚では、投資家に対してフェアなコスト設定はできないでしょう。

この点を克服するために、直販投信会社の数社は、「残高の増加に伴い、投資家が負担する信託報酬が低減する」仕組みをつくっています。とても公平な考え方だと思います。

金融庁では、金融審議会において「投資家側に立ったサービスの提供を目指し、独立系運用会社や中立的な立場での金融アドバイスを行うファイナンシャル・プランナーや、ＩＦＡ（独立系ファイナンシャル・アドバイザー）の育成が必要」だとしています。しかし事業の継続性が見えなければ担い手は出てきません。

コストを抑えることは重要ですが、安かろう悪かろうでは進歩がありません。コストの多寡《たか》だけでなく、その中身にも気を配り、コストに見合ったサービスが提供されているかという視点を持ち、そして、コストを重視するあまりにファンドの選択肢を狭めないということを心掛けてください。

第5章　「普通の人」がお金を育てるための11のルール

1．グローバル経済に合った資産分散をする

投資に関する格言に「卵はひとつのカゴに盛るな」という言葉があります。ひとつのカゴに卵を盛ってしまうと、そのカゴを落としたときにはすべての卵が傷ついてしまいますが、複数のカゴに盛っておけば、カゴをひとつ落としてしまっても別のカゴに盛った卵が残り、いっぺんにすべての卵を失う事態を避けられるという意味です。

投資においては、お金をひとつのものに投資するのではなく、株式や債券など、複数の資産に分散投資するのがセオリーとされており、それによって株が値下がりした時期には債券の安定的な値動きが全体の値動きを抑えるなど、資産が補完し合う効果が期待できるとされています。また日本の景気が悪くても海外には好景気で株価が上昇している国があり、投資するエリアを分散させることも重要とされています。

実際に、1980年代後半から2000年初頭まではある程度の分散効果が認められました。しかし近年では、お金の動きがグローバル化し、リーマンショックのときにも世界中で株価が下がりましたし、ギリシャやキプロスのような小国で問題が起きただけでも世界中で株価が下がるなど、国際分散投資をしても従来のような効果が得にくい状況になってきています。

友人のエコノミストがとったデータによると、以前、「株」と「金《きん》」はまったく違う値動きをしていたため、両方を持つことでリスクを抑える効果がありましたが、現在は株が1動くと金は同じ方向に０・８程度動くような時期もあり、ここでも分散効果が得にくくなっています。

投資信託には国内外の株式や債券、リート（不動産投資信託）などに分散投資するバランス型というファンドもあり、広告では分散投資によって値動きが安定する効果が謳われていますが、これはあくまで「過去の値動き」をもとにしたものであり、今後も同じような分散効果が得られるとは限りません。

グローバル化によって、資産分散、エリア分散をしても、それだけで値動きが安定するとは言えなくなっているのです。

ではまったく分けなくていいかといえば、そんなことはありません。世界的に投資マネーが溢れており、そのマネーが時に暴走すること、また経済のグローバル化によって「国の経済＝その国の株式市場」ではなくなっていることを踏まえて、「現在の市場環境に合った資産分散」を図ることが大切です。

具体的に考えてみましょう。

株式については、従来、国内株と海外（先進国）の株に分散投資すること、さらにここ数年は、新興国株を加えるのが基本だと言われてきました。しかし、経済がグローバル化した今、

「日本」と「その他の先進国」という分散の必要性は低くなっていると思います。

先進国では国の経済成長が限定的であり、投資するなら銘柄選択が重要となります。日本の運用会社の中にも国内株式部と外国株式部を一緒にし、グローバルな視点で企業を分析するところが増えつつありますが、これは、国籍にかかわらずグローバルに活躍する企業が増えたことにより、「日本企業か米国企業か」といった企業の「国籍」ではなく、日用品のメーカーなら『ユニ・チャーム』（日本）か『P&G』（米国）か」といった企業の「個別の成長性」の違いで投資先を選ぶ必要があるためです。

「日本経済＝日本株ではない」というのは海外の先進国にも言えることであり、先進国の株式は、もはや「米国株」や「ドイツ株」として考える意味は薄れ、国際分散投資が王道という時代は過去のものになりつつあると思います。

一方、新興国の株式については、投資対象として考えたい資産と言えます。

たしかに、先進国の景気が低迷すれば新興国への投資も減るなど、先進国と新興国の経済は連動する面もあり、先進国の株式と「逆の値動きをして分散効果が得られる」ということは期待しにくくなりました。しかし、それを差し引いてなお、新興国に期待できる高いリターンには魅力があるからです。つまり、「資産全体の値動きを抑える分散効果」を狙って自身のポートフォリオに加えるというより、「資産全体のリターンを高める」ためにポートフォリオに加えるという位置づけです。

債券については、株式より値動きが小さいという性質から、ポートフォリオ全体の安定性に寄与することが期待されます。とはいえ、現在は先進国の金利が歴史的に低い状態にあるため、ひとたび金利が上昇局面に入れば、債券価格が下落していくことになります。慎重な投資を心掛けるべきでしょう。

最近はハイイールド債券や新興国債券も多く販売されていますが、私はこれらをポートフォリオに加える必要をあまり感じません。

「ハイイールド債券」とは、信用格付けが低い、つまり利払いや元本償還が確実に行われる可能性に注意が必要とされている債券です。安全性が低い分、利率が高く設定されており、投資妙味があるという捉え方もできますが、ポートフォリオにおいて、債券は「全体の値動きを抑える」役割を期待すべきものであり、債券で過度にリスクを取る必要性は低いと思います。

これらの債券は流動性が低いので、平時はともかく、なんらかのショックが発生したときには大きなダメージを負います。リーマンショックやギリシャ危機、アルゼンチン国債のデフォルト（債務不履行）などが記憶に新しいところです。新興国へ投資をするなら、「ウェイトを抑えた形での株式投資」が理に適っていると思います。

前述のリスクを踏まえたうえで、なお海外債券を加えたいという場合には、信用リスクの低い先進国の「高格付け債券」がいいと思います。手軽に投資するにはインデックスファンドやETFか、「グローバル・ソブリン・オープン（通称グロソブ）」が候補になるでしょう。

「グロソブ」は先進国の格付けの高い国債などに投資するファンドで、為替リスクは伴いますが、信用リスク（組み入れた債券の利払いや償還が行われないリスク）は低いと言えます。「毎月分配型」の元祖とも言える象徴的なファンドであり、毎月分配型というスタイルに否定的な人からは批判を受けることもありますが、私はシンプルでいいファンドだと思っています。毎月分配型だけでなく、一年決算型などもあります。

グロソブは、運用会社（国際投信）のウェブサイトで動画を使った商品説明、運用報告を行うなど、個別のファンドとしては情報公開の充実度はピカイチです。発売より15年を超える人気ファンドですが、もっともっとロングセラーになってほしい商品です。

近年は、分配金が下がったことで解約が増え、純資産が減少しています。グロソブを保有されていた方にお話をうかがうと「もっと分配金が高いファンドがあるので、そちらにしませんか?」との勧誘が多かったとのことです。しかし、分配金が高いということは、それだけリスクも高くなるはずですし、商品も複雑化していきます。目先の分配金に惑わされず、バランスのいいポートフォリオの構築を検討すべきです。

利子や分配金などのインカム収入を得る目的で債券に投資するなら、国内では個人向け国債の変動金利型「変動10年」がお薦めです。将来は、新しいタイプの個人向けの物価連動国債の登場も期待されます。

そのほかで安定した利子や分配金を得るには、「外国債券」「外債ファンド」「Ｊ《ジェイ》－ＲＥＩＴ《リート》（上場不動産投資信託）」などが検討の対象となります。外国債券は目に見える手数料はありませんが、個人投資家が外国債券を直接購入するときはかなり割高となりますので、その点は注意が必要です。

そんな中では「Ｊ－ＲＥＩＴ」がお薦めです。２０１３年2月末現在、配当利回りはかなり低下していますが、それでも、全リートの平均予想利回りが４％程度と、高い水準となっています。

「ＲＥＩＴ（リート）」とは、複数の不動産に投資し、賃料などを収益とする投資信託で、オフィスビルに特化したオフィス系や、商業施設系、住宅系、複合系などがあります。一般の投資信託とは異なり、株式市場に上場しており、株式と同様に売買できます。

不動産は、株式や債券とは異なる「実物資産」であり、景気が悪化しても、空室率の悪化や賃料の値下げが起きるまでにはある程度タイムラグが生じることなどから、一定の賃料収入が期待できますし、ほかの金融商品とは異なる値動きをします。ほかの資産と併せ持つことで一定の分散効果が期待できるでしょう。

リスクを抑えるためには、グローバル化した現在の市場環境に合った適切な資産分散をすること、また、後述する「時間分散」を心掛けることが必要になっています。

2. 長期で保有できるロングセラーを見極める

短期的な値動きに左右されずにじっくり運用するためには、「長く保有できそうなファンド」を選ぶ必要があります。

長く保有するには、資金の流入が続いていること、運用期間（信託期間）が無期限（原則的に期限を定めずに運用が続く）であること、運用の中身がよくわかり、安心して持ち続けられるファンドであることが絶対条件です。

現在、個人投資家向けに販売されているファンドは４０００本を超えていますが、投資信託の評価を行っているイボットソンによると、純資産総額が30億円以上のファンドで、12ヵ月連続で資金流入が続いている投信は全体の１・５％程度、わずか62本（２０１２年12月現在）です。つまり、98％以上のファンドは解約金額が新規の購入額を上回っており、「賞味期限切れ」の状態とも言えるのです。

アクティブファンドについては、「どう選べばいいかわからない」という人が多いのですが、

「賞味期限切れのファンドを候補から外す」という方法をとれば、かなりファンドを絞り込むことができます。

とはいえ、資金が増え続けている「賞味期限内のファンド」62本のうち、毎月分配型でないファンドは11本、日本株に投資するファンドは「さわかみファンド」（さわかみ投信）と「ひふみ投信」（レオス・キャピタルワークス）の２本だけです（いずれも直販投信）。

これでは選択肢が少なすぎますから、半年程度のタームで堅調に増えているものまで範囲を広げてもいいでしょう。また、対象を30億円未満のファンドまで広げれば、少し候補が増えてきます。ちなみに、直販のファンドは資金流入が続いているものがほとんどですし、当社のファンドは50ヵ月連続の資金流入になっています。

個別ファンドの資金の流出入の様子は、イボットソンの「投信まとなび」というウェブサイトで確認できます。ちなみに、純資産総額にはファンドが保有する資産の値動きが反映されるため、純資産総額の増減は資金の流出入とイコールではありませんので、その点は注意が必要です。

運用の中身については、運用会社がウェブサイトで公開している毎月の運用レポートなどで確認できます。運用方針がブレていないかなどを運用レポートだけでは読み取るのは難しいのですが、組み入れられているのがどんな銘柄で、その銘柄の何を評価しているのか、何を、どんな理由で売買したのかなどが記載されているのが望ましいでしょう。

大切なお金を託していながら運用会社と距離があって、お金がどうなっているのか、きちんと運用されているのかがわからないのでは保有を続けるのは難しくなります。体温が感じられるような情報発信が行われているのが理想的だと思います。

アクティブファンドには、ファンドマネージャーが代わり、運用の中身が少し変わってしまうというリスクもあります。もちろん、基本的な運用方針はファンドごとに決まっているので、ファンドマネージャーの交代で大きく変わることはありませんが、それまでの「個性」が少し変化することにより、パフォーマンスに影響が出ることは考えられます。ファンドマネージャーが交代になった場合は、組み入れ銘柄がどう変化したか、その理由は納得できるものかなどもチェックしましょう。

ファンドによっては、運用状況を動画で配信している例や、ファンドマネージャーが、運用レポートとは別に、運用哲学や銘柄選びのポイントなどについてコラムなどを執筆している例もあります。いずれも運用会社のウェブサイトで公開されており、ファンドの性質を知るのに役立つと思います。

ファンドの運用成績はファンドマネージャーとお客様でつくられるのです。つまり、両者の意思疎通が図れるようなファンドは、よいパフォーマンスを残すことができるということです。銀行や証券の営業員はまさにその仲介役であるべきですし、直販と言われる投資信託はこうした点では理想に近いものがあります。

また、直販投信の多くは各地でセミナーなども行っています。運用会社から直接話を聞くことは、ロングセラーになり得るファンドかどうかを知るいい機会になるでしょう。

３．買いのタイミング選びを放棄する

投資において重要なポイントは大きく２つあるとされています。

ひとつは「投資価値のあるいい商品（銘柄）を選ぶ」こと。

もうひとつは、「いいタイミングで売買する」ことです。

投資でリターンを得るには、安いときに買って高いときに売らなければなりません。「悪いもの」が下がっている場合はさらに下がる危険性が高いと言えますが、「価値があるもの」がイベントリスクなどで一時的に安くなったときは、「買えばいい」ということになります。とはいえ、「下がっている」ということは多くの人が「売っている」ということであり、人と逆のことをするというのは腕に自信のあるプロであっても難しいことです。

逆に株価が上昇しているときには大勢の人が強気になり、たくさんの数量を買ってしまいがち

です。株価が上昇すると勇気が出ますし、「さらに上がるのではないか」と期待も膨らみ、「たくさん買えば儲けも増える」と欲も出ます。その心理状況はよくわかりますが、投資の原則には逆行する投資行動であり、高値で買うほどリターンを得るのは難しくなります。

さらに最近はマネーの暴走によって市場の振幅が大きくなっており、「株価が反転したら買おう」と思っているうちに高騰して買いそびれてしまったり、「そろそろ売ろう」と思っているうちに暴落してしまったりと、タイミングを見極めることは以前にも増して難しくなっています。

ではどうするか。投資において重要な銘柄選び、ファンドなどの商品選択に力を入れ、もうひとつのポイントである「タイミングの見極め」は思い切って放棄することです。タイミングを計って投資するのではなく、少額ずつ、タイミングを分けて買い進める「時間分散」を図りながら投資するのです。

時間分散を図るための有効な方法として、毎月一定の額で購入する投資信託の「積立購入」があります。

積立購入では、毎月一定の額で、買えるだけの量を買う「ドル・コスト平均法」が用いられます。毎月1万円ずつ積立購入する場合、価格が5000円のときには2口、1万円のときには1口など、安いときには多くの口数を、高いときには少なく買うことになり、結果的に平均の買付価格を抑える効果が期待できます。

購入代金は指定した銀行などから自動的に振り替えられるため、下げ相場で生じる恐怖心とは無関係に機械的に投資できますし、価格が大きく上昇しているときには、もっと買いたいという衝動を抑えられるのもメリットです。

図⑰は、毎月「一定の額」で購入するドル・コスト平均法と、毎月「一定の量」を購入する方法（等株数投資）を比較したものです。価格が右肩上がりになった場合、右肩下がりになった場合など、いずれのケースでもドル・コスト平均法のほうが、平均買付単価が抑えられていることがわかります。当然、安く買うことができれば、その分、リターンが得られる確率は上がります。

ファンドの積立購入をしている人から、「2年間積み立てたが、ずっと下がったままでうまくいかない」といった声や、「基準価額が下がってきたので、いったん積み立てをやめたほうがいいですか？」という質問を受けることがありますが、いずれも積立投資の本質を正しく理解していないと言えます。

積立投資で最も高い成果が得られるのは、「積み立てる間はずっと安値が続き、売るときに高くなった」ケースです。言い換えれば、安い間にコツコツ積み立てて、目標にしていた時期が近づき、高くなったところで売るというのが最も望ましいシナリオです。

積み立ての過程で基準価額が安いということは、その分、たくさんの量を保有できていること

⑰積み立ての極意（ドル・コスト平均法）

（１）価格が変動しながら右肩上がりになる場合

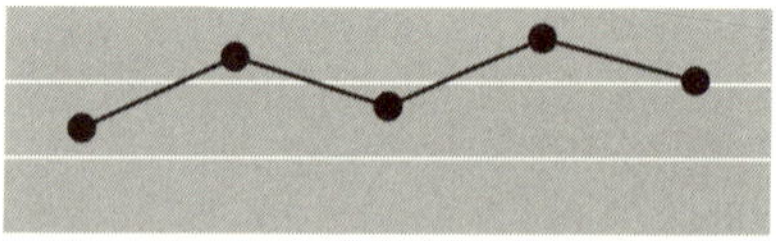

買付価格	1回目	2回目	3回目	4回目	5回目	合計	平均購入価格
	700円	1100円	900円	1300円	1000円	株数	
毎月100株	100株	100株	100株	100株	100株	500株	1000円
	7万円	11万円	9万円	13万円	10万円	50万円	
毎月10万円	142.9株	90.9株	111.1株	76.9株	100株	521.8株	958.2円
	10万円	10万円	10万円	10万円	10万円	50万円	

（２）価格が変動しながら右肩下がりになる場合

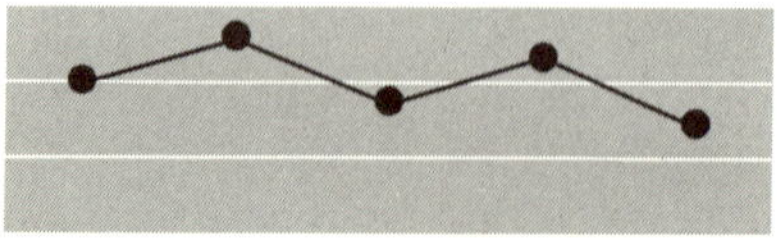

買付価格	1回目	2回目	3回目	4回目	5回目	合計	平均購入価格
	1000円	1300円	900円	1100円	700円	株数	
毎月100株	100株	100株	100株	100株	100株	500株	1000円
	10万円	13万円	9万円	11万円	7万円	50万円	
毎月10万円	100株	76.9株	111.1株	90.9株	142.9株	521.8株	958.2円
	10万円	10万円	10万円	10万円	10万円	50万円	

（3）右肩上がり・等株数投資のほうが投資金額が多くなる場合

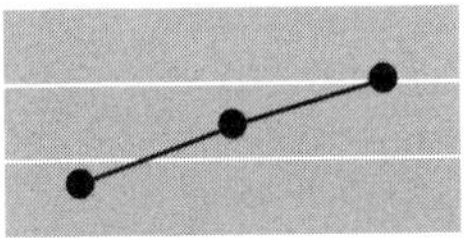

買付価格	1回目	2回目	3回目	合計	平均購入価格
	900円	1100円	1300円	株数	
毎月100株	100株	100株	100株	300株	1100円
	9万円	11万円	13万円	33万円	
毎月10万円	111.1株	90.9株	76.9株	279株	1076円
	10万円	10万円	10万円	30万円	

（4）右肩下がり・等株数投資のほうが投資金額が少なくなる場合

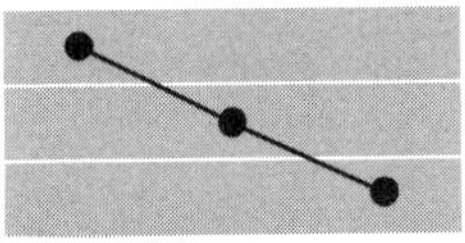

買付価格	1回目	2回目	3回目	合計	平均購入価格
	1100円	900円	700円	株数	
毎月100株	100株	100株	100株	300株	900円
	11万円	9万円	7万円	27万円	
毎月10万円	90.9株	111.1株	142.9株	345株	869.6円
	10万円	10万円	10万円	30万円	

ドル・コスト平均法は、「時間が買える」ことがいちばん大きな効果

になります。たとえば累計で100万円を投資した場合、平均購入価格が1万円なら100口しか買えませんが、平均9000円なら111口買うことができます。これを1口1万1000円で売ることができれば、前者は10万円のリターンですが、後者ならリターンは約22万円です。たくさん保有している分、得られるリターンが多くなるのです。

安いときこそ積立購入のメリットを生かしていることになりますから、いいファンドを選んでさえいれば、価格が下がっているからといって積み立てを中断する必要はないのです。

逆に10年間積み立てようと考えているのに、1～2年で20％を超えるような成果が出ているといった場合は、「基準価額が高騰している」「高い水準で買っている」という状態であり、いったん買い付けをやめるか、少し売却して利益を確定させることを検討してもいいかもしれません。

2012年、投資信託協会が調査をしたところ、投資信託の保有者中、積立投資を利用している人は18・9％しかいませんでした。しかし、年代別で見ると、20代では30％、30代、40代も25％を超えています。また、手取り年収別では、最上位の1000万円以上の方が28・1％と最大になっています。つまり、若い現役世代と富裕層が積立投資を利用しているという状況です。この数字には、確定拠出年金も含まれていますので、まだまだ利用が少ないと言わざるを得ないでしょう。業界全体で積立投資の裾野を拡大していくことに尽力しなければならないと思います。

ドル・コスト平均法（積立購入）は、買付単価を上げない方法として極めて優れています。特に法人と違って、決算や運用ルールに縛られない個人投資家の長期的な資産形成に向いていますし、何よりも、仕事や家事・育児を抱える忙しい世代にとっては、購入のタイミングを考えることに時間を割く必要がないことが最大のメリットだと思います。投資において、タイミングを計ることは、とてもストレスを感じることですから。

大手ネット証券では毎月500円から積立購入できるところ、直販投信には1000円から積立購入できるものがあります。少額で始めることができれば、それだけ早く自助努力をスタートすることができますし、複数の商品を並行して積み立てることも可能となります。我々も学生の方々や社会人になって間もない方々からご意見をいただき、毎月1万円はハードルが高い、5000円もちょっときつい、3000円なら手軽に始められるという声が多かったため、最低積立金額を月額3000円にしています。

また、現役世代の積み立てに限らず、退職金、満期を迎えた定期預金、満期保険金など、まとまった資金を運用する場合でも、一度にまとめて投資せず、時間分散を図った投資を心掛けることが重要です。

積立投資は、期間が長いほど「複利効果」を得られますから、思い立ったら、まず始めてみることです。スタートするタイミングを考える必要はありません。

⑱積み立てでいくら貯まる？

（例）10万円の元本、毎月2万円積み立て、ボーナス月5万円増額を複利計算

利率＼投資期間	5年	10年	20年	30年
（投資金額合計）	180万円	350万円	690万円	1030万円
0.5%	182万円	359万円	726万円	1111万円
3%	194万円	408万円	944万円	1665万円
5%	205万円	454万円	1177万円	2355万円
7%	216万円	505万円	1478万円	3394万円

4．投信積立で教育費と金融知識を育てる

投資を考えている方の中には、教育費は投資で準備できるか、預貯金で貯めるべきかと迷う人も多いようです。

文部科学省の調査では、小学校から大学までにかかる教育費は、すべて公立でも800万円、私立では2000万円を超えるようです。少子化によって子どもひとりにかけられるお金は昔より多くなったとはいえ、教育費は上昇傾向にあります。

図⑱のように、運用利回りによって将来の受取額には大きな差が生じますから、最近は投資信託を積立購入することによって教育費を有利に準備

したいという人が増えつつあります。値動きのリスクが伴うため、2〜3年先に必要なお金は元本保証のある商品を利用すべきですが、まとまった資金が必要になる時期まで5年以上ある場合には、投資信託の積立購入は有力な選択肢になると思います。

英国では、2005年に「チャイルド・トラスト」という制度が導入されています。新生児から18歳までのすべての子どもが金融機関に自分名義の口座を開設でき、口座開設時と7歳の誕生日の計2回、国から250ポンド（2005年当時のレートで約5万円。低所得者は倍額）が口座に支給されます。口座内の売買益や利息、配当は非課税で、年間1200ポンド（同レートで約24万円）を上限に、親、祖父母、友人などから非課税で資金を拠出することが可能です。資金を引き出せるのは18歳以降で、16歳からは子ども本人が運用することもできます。

この制度が導入された目的は、「①国民の貯蓄性向を高め、すべての子どもが、大人になる時点で一定額の金融資産を保有しているようにする」「②国民の金融リテラシーを高め、親子で貯蓄の習慣を身につけて金融機関と適切に取り引きができるようにする」というものです。金融リテラシーは生きていくうえで欠かせない重要なスキルであり、英国の取り組みには大きな意義があります。

2011年秋からは、財政再建を優先するため国からの支給を廃止、代わりに口座への非課税拠出額を年間3000ポンドに引き上げるなどし、「ジュニアISA制度（税制優遇付き子どものための個人貯蓄口座）」として制度運用されています。

日本にはこのような制度はありませんが、我々も英国のチャイルド・トラストを参考に、「こどもトラスト」という資産形成プログラムを用意し、子ども自身に金融や経済への知識を身につけてほしいとの思いから、セミナーやイベントも行っています。

5．401kは投資信託で複利効果を狙う

会社員の方の中には、勤務先で「確定拠出年金（401k）」が導入されている方も少なくないでしょう。

401kとは、従業員の年金づくりのための制度で、会社が毎月拠出するお金を従業員自らが選んだ金融商品で運用していくものです。

従来は会社が従業員のために資金を運用していましたが、401kでは従業員一人ひとりが運用先を選び、将来受け取る年金は運用の成果次第となります。勤務先が一定の利回りを約束して年金を出してくれるという会社は減る一方で、運用は「したい人だけがする」のではなく、「しなくてはならない」時代に入ったと言えます。

拠出されるお金は所得から控除されるため、所得税と住民税を軽減でき、運用で得た収益も非

課税になるなど、一定の節税効果があります。退職金、年金、退職金と年金の併用という受け取り方ができ、いずれの場合も個人年金保険などによる年金づくりより税負担が軽くなるというメリットがあります。

拠出額は、会社によって、また社員によって異なり、限度額は月5万1０００円。４０１k以外の企業年金制度があり、それと併用される場合は月2万5５００円が限度額となります。

運用先として「預金商品」「保険商品」「投資信託」などが用意されており、現状では預金商品や保険商品で運用される割合が高くなっていますが、長期で資金を積み立てていく場合、預金や保険ではインフレに対抗できない可能性があります。リタイアするまで10年以上ある場合には、元本保証の預貯金などより、株式や債券で運用する投資信託で運用したいところです。

しかし、多くの人には投資の経験がありませんから、急に運用商品を選べといわれても値動きがあるものを選ぶのは難しいでしょうし、商品の選び方などをアドバイスするためのセミナーなども十分ではないのが現状のようです。

40代のある会社員の方は、「あまりいい商品がラインナップされていないのでがっかりしたが、退職金に影響することなので、限られた選択肢の中でベストと思うものを選んだ。同僚の間で４０１kの話題が出ることはなく、他人事ながら、将来がかかっているのに大丈夫なのかと心配になる」と話してくれました。

運営管理は勤務先が選定した金融機関が行っていますが、金融機関は４０１ｋのために堅牢なシステムを構築しており、そこには多額のコストがかかっています。そのため、自社系列の運用会社の商品を中心にラインナップして、そこから収益を得ようとする傾向が見受けられます。加入者（従業員）の立場から見れば、「運営側の都合」が優先され、運用商品の選択肢が狭まっているのです。ご自身の勤務先の４０１ｋの資料を持って相談に来られた方もいますが、正直なところ、「長期保有に適したファンドがほとんどない」というケースもありました。

とはいえ、４０１ｋの制度そのものは税金の軽減効果などメリットが多いですし、勤務先が制度を導入していれば、いずれかの商品を選ばざるを得ません。

多くの場合、ラインナップにはインデックスファンドが入っていますが、先に述べたとおり、日本を含む先進国株のインデックスファンドでは高いリターンを期待しにくいので、銘柄選択力があるアクティブファンドを候補にしたいところです。一方、新興国の株式についてはインデックス型で十分なリターンが期待できますから、インデックスファンドを有力候補として考えてもいいでしょう。

先進国の債券に投資するファンドについては、インデックス型やグロソブ型を中心に検討します。債券の本来の役割は資産全体の値動きを安定させることにあるので、新興国の債券は不向きです。むしろ、リートのインデックスファンドなどがあれば、それを選択肢にするといいと思います。

長期の年金資産は、まず４０１ｋを優先して固めていき、そのうえで通常の投資信託の積み立てを中心に準備していくことが望ましい形と言えます。４０１ｋで積み立てるお金も、自主的に積み立てるお金も、どちらも「自分の資産」ですから、全体のバランスを考えて適切な資産分散を図ることが大切です。

また、自主的に積み立てる分は自由にファンドを選べるわけですから、もし４０１ｋに優れた日本株ファンドがラインナップされていなければ、日本株については自身が選んだファンドを積立購入し、４０１ｋでは新興国株やリートに投資するインデックスファンドを選ぶといった方法が考えられます。

企業によっては、会社が拠出するお金のほかに、従業員自らが４０１ｋに任意で資金を追加する形で拠出する「マッチング拠出」ができるケースもあります。個人が追加した掛け金も全額、所得から控除されるため、所得税と住民税が軽減され、得られた収益に対する税金の繰り延べが可能というメリットがありますので、ぜひとも活用したいところです。

ちなみにマッチング拠出の場合、個人が出せる金額には、「会社が拠出する額を超えない」「会社の拠出額との合計が限度額を超えない範囲」という制限があります。年に1回、金額を変更することも可能です。

ただし、401kの場合、原則60歳までは資産を引き出すことはできませんので、特に、教育費などでお金が必要になる現役世代は無理のない金額で行うことが大切です（別の商品への乗り換えは可能です）。

また勤務先に企業年金の制度そのものがない場合や、401kが導入されていない場合、そして自営業の方は、「個人型の401k」に加入することができます。拠出できる金額は、会社員は毎月2万3000円まで、自営業の方は毎月6万8000円までで、5000円以上1000円単位で決めることができます。

個人型の401kは、銀行や証券会社、保険会社などが運営管理機関となっており、手数料や商品のラインナップは運営管理機関によって大きく異なります。国民年金基金連合会のホームページに運営管理機関が掲載されていますのでチェックしてみるといいでしょう。手数料は自己負担となりますが、税金が軽減されるメリットを考えると、十分、利用価値があると思います。

401kは米国の制度をお手本にしたものですが、米国では401kによって個人投資家の裾野が大きく広がりました。401k導入後しばらくは株価が上がり、株式ファンドを選んだ人の多くがリターンを得たため、「自分も株式ファンドで運用してみよう」「もっと研究しよう」という機運が広がり、金融知識を上げることにもつながったようです。

日本では401k導入後、株価も振るわず、株式ファンドを選んだ人のパフォーマンスはよくない場合が多いと思いますが、悲観することはありません。「３．買いのタイミング選びを放棄する」でも述べたとおり、積立期間中の株価が低いほうが、将来、大きな成果を得ることが期待できるからです。

ちなみに当社は、２０１３年３月から、ＳＢＩグループと連携し、日本で初めて投資信託を運用する委託会社が、販売会社である金融機関を通さずに確定拠出年金制度にファンドを提供する仕組みをつくりました。今後も、大企業に比べて相対的に普及の遅れている中小企業や個人事業主、そして一般個人の方々の確定拠出年金への取り組みを支援していきたいと考えています。

６．金融機関との付き合い方を知る

銀行が投資信託の販売を開始したのは１９９７年からです。現在は投信残高の約半分を銀行での販売が占めています。

銀行は、預金として集めたお金を企業への貸し付けや住宅ローンなどの融資に回して利ざやを稼ぎますが、近年では、投資信託や保険の販売で手数料を稼ぐ役務収益の獲得にも力を入れています。

「証券会社で売っているものにはリスクがあるけれど、銀行で売っているものは安心」といった昔のままのイメージを持っている人も少なくないようですが、そうではないことを肝に銘じてください。残念ながら、多くの方が元本割れのリスクを知らずに投資信託を購入していたなどの問題も生じており、銀行の金融商品販売を巡るＡＤＲ（裁判外紛争解決手続き）の案件が増えているのが現実です。

日本には１５００兆円を超える個人金融資産がありますが、その61％は60歳以上、81％を50歳以上の人が保有しています。金融機関はすべてのお客様に同じようにサービスを提供しているように見えますが、効率性を考えれば当然、こうしたリタイア層中心に「資産運用アドバイス」を展開することに重きを置くことになります。

それは、ビジネスのスタイルとしては資産運用のアドバイスビジネスと言えるかもしれませんが、コンプライアンスサイドから見れば「乗り換え営業」「入れ替え営業」だと指摘されることがあります。つまり、「持っているお金（預金）」を、「別の何か（投信や保険）」に替えてもらうことで手数料を得るというビジネスです。

銀行の窓口で投信を買うには、初めて投資をする人の場合、投資信託のリスクやリスク許容度の判定などを含め、商品の説明に2時間程度かかることも珍しくありません。販売手数料３％の投信をリタイア層に５００万円買ってもらえれば、銀行には15万円の手数料が入ります。一方、資産形成層である現役世代が一度に５００万円買うケースは少ないはずです。仮に、頑張って１

００万円買ってもらったとしても、手数料はわずか３万円です。これでは大手金融機関のビジネスとしては採算が合いません。

退職金など、まとまったお金を取り扱うといった以外のことは、大手金融機関のビジネスモデルには合いにくいのです。

大手金融機関は駅前の立地のいい場所に店舗を構えており、それが自社ビルでも賃貸でもかなりのコストがかかっています。多額のシステム投資もしています。人件費もひと頃よりは下がったとはいえ、やはり他業種と比べて高い水準です。こうした個人金融ビジネスのプラットフォームは、あくまでもシニア層の方を対象としたモデルなのです。

20〜40代の人は、まとまった資産を持っているのではなく、これから資産を築いていこうという世代です。「資産形成をする人」が「資産運用をする人」向けのビジネスをしている金融機関に行っても、話もお互いの目的も合うはずがありません。

前述の投資信託協会の調査では、インターネットを利用して金融取引を経験されている方は31・３％となっています。年代別では、30代は49・５％までその比率が上昇し、一方で70歳以上は14・２％にとどまっています。つまり、まとまった資産を持っている年代は銀行など対面型の「資産運用アドバイスビジネス」、若い世代はネットを通じた「資産形成ビジネス」と、利用するサービスのチャネルが大きく違っているのです。

金融業界では「投信2015年問題」と言われていますが、投信の最大購入世代であった60歳から79歳までの人口が2015年にピークアウトします。相続などによる資産の移転も加速度的に進むはずですが、その受け手である現役世代は、通常の銀行や証券会社の店舗にはなかなか足を運ばないでしょう。こうした背景から、個人向けの金融ビジネスは数年後に大きな変革が待ち構えていると考えています。

ご自身がまとまった資産を運用したいのか、あるいは、これから資産を形成していくのか、そのニーズによって利用する金融機関は違ってくるはずです。前者は従来型の金融機関、後者は、ネット銀行、ネット証券、直販投信が該当します。

このように、金融機関によってその性質はさまざまですから、それぞれの特色を念頭に置き、上手に付き合うことが大切です。

私が直販というスタイルを選んだのは、「ファンドを大切に育てていきたい」との強い思いからでした。ある程度の足場ができた現在は、「次世代を担う多くの方々に良質な投資信託を提供したい」という共通の思いを実現するために、現役世代の方々から支持されているネット銀行やネット証券などとのパートナー関係の拡充にも努めています。

7．情報を正しく読み込む

自助努力をするためにインターネットやマネー雑誌で勉強するのはいいことですが、注意すべき点もあります。前にも少し触れましたが、ここであらためて「旬の情報」と「本当に必要な情報」の見極め方についておさらいしておきましょう。

書店に並んでいるマネー雑誌の表紙を見比べると、巻頭ではどれも同じような話題が大きく取り上げられていることが多く、それを読んだ人は「この雑誌にも、あの雑誌にも同じことが書いてある。今はこれに投資するのがよさそうだ」と思ってしまいがちです。

たとえば少し前にはオリンピックとワールドカップのダブル開催が決まったブラジルが大きく取り上げられました。「国際的なイベントをダブルで控えてインフラ投資が増える」「豊富な天然資源を有している」など、景気のいい話がたくさん紹介されているのを見れば、たしかに投資価値がありそうだと感じてしまいます。そういう印象を持った状態で証券会社や銀行などに行き、「ブラジル株ファンドが売れている」と言われれば、「やっぱりブラジルが狙い目だ」となってしまうでしょう。

私がお会いした人のなかにも、「ブラジルは確実だと思って投資しました」という方は少なくありません。ところが、雑誌が発売され、それを読み、商品を選ぶ段階では、株価はすでに上昇しており、「高値買いになってしまった」というケースが多いのも事実です。「長期的には高成長が期待できる国であっても、流行《はや》っているときに買うとうまくいかない」という典型的な失敗パターンです。

「旬のもの」は、多くの人にとって投資するのにふさわしくありません。将来のために資産を築いていきたい人、穏やかに資産を運用したい人は、旬のものは避けるのが正解です。

最近はブログで投信についての情報提供や解説を行う「投信ブロガー」と言われる人たちも活躍しています。その多くは、資産運用には投資信託が有効であるという前提に立ち、ファンドをどう選ぶか、具体的にどんなファンドを支持しているか、参考にすべき本はどれかなど、自らの見解を述べています。投資家の側から意見を発信することには大きな意義があり、大事な役割を担っていると思いますが、プロ並みの知識に基づいているものがある一方で、誤解があると思われるもの、考え方が偏っていると感じるものも見受けられます。

電器製品を選ぶ際にも、機能が充実したものがいいと思う人もいれば、シンプルな機能で価格を抑えたものを好む人がいるように、投資信託についても多様な捉え方があります。参考にするのは大いに結構ですが、さまざまな見解に触れ、最終的には自分で判断するという付き合い方が適切です。

もうひとつ、ぜひ気をつけていただきたいのが、金融商品に関する情報の中で頻繁に登場する、「人気がある」という言葉です。

ある方から、「証券会社でハイイールド債券に投資する毎月分配型のファンドを勧められました。今一番人気があるそうですが、どう思いますか」と相談を受けたことがあります。

証券会社から渡されたというパンフレットを見せていただきましたが、そこには、「格付けの高い債券は投資適格債券であるのに対し、ハイイールド債券は利回りが高い債券」という説明が記載されていました。この説明は適切とは言えません。ハイイールド債券については本来、「投資適格未満の債券」だと説明するべきです。以前は、「低格付け債」と表記されていました。

債券には格付け機関が利払いや元本が遅滞なく償還される可能性が格付けという形で表されていますが、その方が勧められたファンドは、資産の多くを「B格」の債券に投資しているものでした。

当時、「ギリシャが財政危機に陥っていますが、ギリシャ国債の格付けはBBです。このファンドを買うということは、ギリシャ国債よりリスクの高い債券を買うのと同じことです」とお話しすると、その方はかなり驚いた様子でした。「ハイイールド債は、利回りが高い債券で、分配金もたくさん出ている、だからとても人気が高いと説明され、なるほど、それなら買ってもいいかもしれないと思ってしまった。営業の方が『ギリシャ国債よりリスクが高い債券です』と説明してくれていれば、その場で断ったはずです」と話してくれました。

不正確な情報やメリットだけを強調した説明のもとに買っている人が多いのであれば、「人気＝いい商品」とは言えません。「人気がある」という情報を過信しないように気をつけていただきたいと思います。

8．「わかったつもり」の投資はしない

「さまざまな情報を集め、自分なりに分析し、慎重に考えた」という方でも、投資判断を誤ることがあります。

これは仕事をリタイアしたある男性のお話ですが、その方は退職金などを運用するため、マネー雑誌や経済誌を読んで投資先を検討し、自分なりにベトナムが有力な候補だという結論を出したうえで、取引先である3つの金融機関に意見を求めたそうです。いずれの金融機関からも、「ベトナムは期待できる」という答えを得て、数年前、ベトナム株ファンドの購入を決めました。

ところが、購入後、ベトナム株は大きく下落し、その方は投資額の7割以上を失ってしまいました。金融機関からは「ベトナムはインフレに弱く、インフレ率が高くなったせいで経済がダメージを受けた」という報告を受けたそうですが、購入前にはまったく聞かされなかったことであ

り、その方にとっては想定外のリスクだったと言います。

下落の要因としてほかに挙げられるのは、ベトナムの株式市場の規模です。その方が投資したのは、ベトナム株ファンドの売れ行きが好調で、何本かのファンドが募集の上限額に達するほどの活況を呈していた頃でした。一時はベトナムの株式市場に占める日本人マネーのシェアが5割に達したようですが、小さな市場に莫大な資金が一気に流れ込むと、「経済」ではなく「需給」で株価が動きます。一気に流入した日本人投資家の資金が株価を押し上げ、いざ下落が始まると日本からの投げ売りも出て、下げの勢いが加速していきました。

知人に勧められたものや、マネー雑誌などで「イチ押し」「有望」「期待大」などと取り上げられたものに飛びついたり、わからないものに投資したりするのはご法度ですが、その方はベトナム経済についてかなり勉強しており、まったくわからないものに投資をしたというのとは少し違います。

しかし、「投資」と「経済」はイコールではなく、前述のように、時によって経済状況に変化がなくても株価が下がることがあります。特に株式市場が小さい新興国では、投資マネーの動きによって株価が乱高下しやすいことも知っておかなければなりません。慎重に調べ、検討したとしても、正しい投資判断ができるとは限らないのです。

特に、新興国はまだ産業が成熟していないので、業種が偏っていることが多く、たとえばタイのインデックス（SET50）でも、銀行が9銘柄、エネルギーが11銘柄と偏っていて、タイ経済全体を表しているとは言えません。

一時期、BRICsに続く有望な投資先として、アセアンや中東のファンドが人気を集めました。原油価格が高くなると中東が潤うため、カタールでは3000億円を投資して空港をつくるなど、景気のいい話がたくさん出ていました。そんな中で起きたのが「アラブの春」と呼ばれる民主化運動です。

「原油で儲かっているから政治もうまくいっているだろう」などと、政治のリスクがわからないまま、なんとなくのイメージを持ってしまうことは少なくありませんが、実際にはアラブの春の影響で株価は下落し、エジプトの取引所がクローズするなど、一時は換金もできないという事態に陥りました。

「よく調べたつもりでも、実際には知らないことがたくさんある」というリスクがあることを認識し、一度にまとまった額を投資することは避けるのが無難です。

9．年に一度、「マネーの人間ドック」を習慣づける

個人投資家の方々と話していると、「今どんな金融商品を保有しているか」「保有している商品

が現在、いくらになっているか」について把握していない人が少なくないことがわかります。

よくよく聞いてみると、「よくわからないけれど、きっとかなり下がっているだろう。もう諦めて放置している」など、「失敗したと思っているから、思い出したくない」という心境のようです。身に覚えがある人も多いのではないかと思います。

「長期投資」とはいっても、「無条件に持っていればいい」「長期間放置していい」というわけではありません。保有しているファンドの純資産額が著しく減少して、「賞味期限切れ」になっているなら、売却を検討するべきです。

投資には適切な管理が必要であり、メンテナンスがうまくできるかどうかで、将来得られる投資成果には大きな差が生じます。

短期的な投資なら、日々、場合によっては常に値動きなどを確認して対策を考えなければなりませんが、長期目線で投資をする場合はそれほど頻繁に状況を確認する必要はありません。それより、ストレスなく継続できる方法で管理することが重要です。

乗用車には法定12ヵ月点検と法定24ヵ月点検（いわゆる車検）が定められていますし、医師からは1年ごとの定期健診を勧められますが、お金については3ヵ月ごとに「マネーの定期健診」、年に1回は「マネーの人間ドック」でメンテナンスすることをお勧めします。短期志向に陥らないためにも、これくらいが適切でしょう。

「マネーの定期健診」では、個別商品ごとのチェックを中心に行います。

投資信託であれば、運用会社のウェブサイトに開示されている運用レポート（月次報告書）などを見ながらコンディションをチェックします。運用成績はもちろんですが、「投資したときのイメージと現状の運用状況に大きな違いが生じていないか」「想定していた値動きに比べてブレが大きくないか」「投資対象に大きな変化が出ていないか」などを確認しましょう。

一方「マネーの人間ドック」として行ってほしいのは、資産全体の確認作業です。

日本株、新興国株、外債、リート、預貯金など、自身のポートフォリオが1年でどのように変動したかを把握します。日本株、新興国株など、それぞれの資産が独自に値動きをした結果、「運用当初の資産配分（運用総額に占める各資産の割合）」が1年でどう変わったかをチェックするのです。

体脂肪率や血糖値が1年前と大きく変化していたら改善が必要ですが、それと同じで、マネードックの診断結果が出たらアクションにつなげなければなりません。

たとえば、運用総額を３００万円として、そのうち20％の60万円を配分していた資産が半分に値下がりした場合、そのまま放置しておけば、再び値上がりしたとしても、保有額が減っている分、得られるリターンは半減してしまいます。

逆に、同じ60万円を配分した資産が2倍に値上がりをしていれば、当初の予定よりもその資産が資産全体に及ぼす影響も２倍に高まっていることに留意しなければなりません。その商品が安定した商品ならともかく、流動性の低い商品の場合は、特に注意が必要です。

バランスが崩れたまま放っておくと、リスクとリターンのバランスが崩れ、低いリターンしか享受できなくなってしまったり、思っているよりリスクが高くなったりしてしまうのです。そうならないためには、全体のバランスを元に戻す「リバランス」（比率の調整）を行う必要があります。

個人で行うリバランスには、次の３つの方法があります。

①当初のバランスより比率の下がった資産を新規資金で買い増す。
②比率の増えた資産を売却で減らし、その資金で、減った資産を買い増しして比率を戻す。
③（複数の資産を積立購入している場合）減った資産の積立額を増やし、増えた資産の積立額を減らす。

たとえば、図⑲のように３つのファンドとリートで組んだポートフォリオをリバランスする方法を考えてみましょう。

⑲リバランスの事例

	日本株ファンド	新興国ファンド	外債ファンド	J-REIT	合計資産
当初の資産配分	150万円（30%）	100万円（20%）	150万円（30%）	100万円（20%）	500万円
現状の資産配分	200万円（36%）	50万円（9%）	150万円（27%）	150万円（27%）	550万円

①比率の下がった資産を、新規資金で買い増す	200万円	85万円買い増す 135万円（20%）	55万円買い増す 205万円（30%）	150万円	690万円
②比率の増えた資産を売却で減らし、その資金で、減った資産を買い増しして戻す	35万円売却 165万円（30%）	60万円買い増す 110万円（20%）	15万円買い増す 165万円（30%）	40万円売却 110万円（20%）	550万円
③減った資産の積立額を増やし、増えた資産の積立額を減らす	積立額を減らす	積立額を多めに増やす	積立額を少し増やす	積立額を減らす	

①の方法をとるなら、新たな資金で新興国ファンドと外債ファンドの買い増しをします。
②の方法では、日本株ファンドを35万円、リートを40万円程度それぞれ売却し、売却で得たお金で新興国ファンドと外債ファンドを買い増しします。
③の方法なら、日本株ファンドとリートの積立額を減らして、新興国ファンドと外債ファンドの積立額を増やし、バランスが調整できた時点で元の積立額に戻します。

追加で投資できるお金があり、値上がりしている資産をさらに成長させたいという場合は①か③の方法が適しています。ちなみに③の方法を選んで特定の資産の積立額を減らす、一時的に中断するという場合も、それまでに積み立てた分は継続して運用されますので、解約する必要はありません。資産を形成していく途中にある人なら、①か③が適しているでしょう。

また比率が高まっているということはその資産が値上がりしている、比率が下がっているということは値下がりしているということですから、②の方法をとれば、値上がりした資産の利益を確定させ、値下がりした資産に安く投資できるというメリットがあります。投資資金の追加を考えていない場合には、この方法が選択肢になるでしょう。

売却によって生じた利益には税金がかかりますが、売却で確定した損失があれば、利益と損失を損益通算することで税負担を抑えることも可能です。毎年1～12月の取引が1年間の取引として扱われますので、リバランスは11～12月頃に行うのがベストです。

リバランスは、「資産の棚卸《たなおろし》」とも言える作業ですから、塩漬けになっている株式や投資信託の処分についても検討してみましょう。

10. 資産分散、時間分散で資産形成、資産運用をする

具体的に「何に」「どう投資すればいいか」を整理しておきましょう。

ひと口に投資するといっても、「これから資産を形成していく人」「まだ資産形成の途中だが、ある程度まとまった金融資産がある人」「リタイアし、所得はないが今ある資産を運用する人」で、方法は違ってきます。

いずれのケースでも、「何に投資すればいいか」「どんな資産を保有すればいいか」には大きな違いはありません。異なるのは「投資の手法（どう投資するか）」です。

まず、仕事をしている現役世代で「これから資産を形成していく人」の場合には、毎月の収入の一部を計画的に積み立てていくのが望ましいでしょう。具体的には2～3種類くらいの投資信託を積立購入するのが最適だと思います。

仕事をリタイアし、「今ある資産を運用する人」は、それまでに築いた資産や退職金などを一

度にまとめて投資しがちですが、そこには、高値で多く買ってしまう危険性が伴います。高値買いのリスクを避けるためには、時期をずらしながら少額ずつ投資するのがお薦めです。何度も購入手続きをするのは面倒だという場合は、積立購入を検討してもいいと思います。実際に90歳の方が積立購入している例もあります。

また「資産形成の途中だが、ある程度資産がある」という人は、「今ある資産は何度かに分けて投資し、収入の一部を積立投資する」ということを並行して行いましょう。

私が資産として持っていただきたいと考えているのは、「日本株」「新興国の株式」「Ｊ－ＲＥＩＴ」の３つです。この３つのアセット（資産）をコアに考え、積立投資か、何度かに分けて投資することを検討してください。サテライト（サブ的な資産）としては、「先進国の外国株」「先進国の外債ファンド」「金《きん》」がいいと思います。

〈日本株〉

自国の株式は資産形成にも、資産運用にも欠かせないアセット（資産）です。

成長銘柄に厳選投資する「ＪＰＭザ・ジャパン」（ＪＰモルガン・アセット・マネジメント）、「コモンズ30ファンド」、小型株にも投資したいという人なら「ひふみ投信」（レオス・キャピタルワークス）を候補に、ロングセラーになりそうなファンドを選ぶことをお勧めします。予算に余裕があれば、複数のファンドを積立購入（またはタイミングを分けて投資）するのもいいと思います。

〈新興国株式〉

経済全体の成長が期待できる新興国株式で長期でのリターンを狙います。

株式市場も長期では右肩上がりで上昇していく可能性が高いですから、銘柄を選択する必要性は低く、低コストのインデックスファンドが適しています。

新興国の株式市場は規模が小さいこともあり値動きが大きくなりがちなので、時間分散を図る必要性が特に高いと言えます。積立購入ができるならインデックスファンドが適していますが、毎月は難しいという場合や、今ある資産を投資するなら「定期的にＥＴＦを買う」という方法もあります。

「ＥＴＦ」とは、特定の指数に値動きが連動する投資信託の一種で、一般的なファンドとは異なり、株式市場に上場しているため、株式と同様に売買できます。一般的なファンドよりコストが抑えられているのがメリットです。

新興国株のインデックスファンドでは「新興国21ヵ国の株価指数（ＭＳＣＩエマージング・マ

ーケット・インデックス）」に連動するタイプが主流で、１本で幅広い投資が可能です。またＥＴＦには、中国株、インド株、ブラジル株など、単一国の株価指数に連動する銘柄もありますが、ひとつの国ではなく、21ヵ国の株価指数や、ＢＲＩＣｓ全体など、ある程度分散が図れるものがいいと思います。

また、新興国が成長する段階では、指数に占める不動産業や銀行などの割合が高くなるなど、業種が偏っている場合がありますので、インデックス内の業種は注意して確認してください。不動産や金融関連企業は早い段階から上場される傾向にありますが、製造業などはそれらに遅れて上場していきますので、インデックスといっても不動産、金融ばかりのケースもあります。その場合の値動きは、景気がよくなるときは大きく上昇し、景気が下降局面に入ると急落するといったことが起こりがちです。

サテライトで「先進国の株式」に投資をする場合は、世界の巨大な多国籍企業で構成されているＮＹダウに連動するタイプをお勧めします。第１章でも述べたように、多国籍企業で構成されるＮＹダウは、世界の成長が取り込めます。

〈Ｊ－ＲＥＩＴ〉

「値上がり益」を狙うのではなく、「配当」を得る役割を担ってもらうという位置づけです。

複数の国内リート銘柄（リート株）に投資しているインデックスファンドもあり、それを積立購入してもいいのですが、資金に余裕があれば、株価が高騰していないときに特定の銘柄を買うほうがコストを抑えられます。配当以上にリートの株価が下落したのでは意味がありませんから、「時価総額が大きい大手不動産会社系」「不況に強い住宅系」という基準で銘柄を選ぶといいでしょう。ただし、利回りが３％以上のタイミングをお勧めします。

〈変動金利型10年国債〉

利回りが低くても安全性が高い資産も持ちたいという場合に候補になるのが、この変動金利型10年国債です。

個人向け国債のひとつで、実勢金利の動きに応じて利回りが変動し、半年ごとに利払いが行われます。満期には額面金額が償還され、利払いと元本の償還は国が保証しています。年に４回、銀行、証券会社などで、１万円以上１万円単位で購入でき、発行から１年経過すれば中途換金が可能です（直前２回分の利子の一部が差し引かれます）。インフレに強い商品としてお勧めできます。

そのほか、サテライト商品としては、外国債券のファンドでは「グロソブ」、外国債券と外国株に分散されているセゾン投信の「セゾン・バンガード・グローバルバランスファンド」、そして「金《きん》のETF」などから、自身のライフプランなどに合わせて検討するといいでしょう。

金融機関からは毎月分配型のファンドを勧められることが多いと思いますし、相変わらず高い人気を集めていますが、得られた収益が再投資されずに分配金として払い出されてしまうため、複利効果が得られません。本来は「資産を育てたい人」に向いていないのです。

リタイア世代にとっては使い方によってはいい面もあり、全否定はしませんが、「運用しながらも少しずつ使っていきたい」という場合には、毎月分配型のファンドで分配金を受け取るというのではなく、普通のファンドを買い、「お金が必要なときに、必要な分を解約する」という方法を考えてもいいでしょう。

分配金とは、本来、ファンドの運用によって得られた収益を投資家に還元する性質のものです。しかし分配金は出ているものの、基準価額そのものは大きく下落しているというケースも少なくありません。

毎月分配型ファンドを保有している方から資料を見せていただき、「これまでに受け取った分配金を含めても、買ったときより資産が減っていますよ」と指摘すると、「気づかなかった。分配金が出ているので儲かっていると思っていた」と驚かれることも少なくありません。分配金だけでなく、基準価額の変動もチェックすべきということを理解していないためです。

分配金が変動するとその後の販売がしづらくなるという事情があり、運用会社には、販売会社から「分配金の安定」を求めるプレッシャーが働くこともあると聞きますが、それは単なる販売会社の都合にすぎません。値動きのある株や債券でファンドが運用されている以上、「分配金は変動する」のが自然です。販売会社は、「分配金は変動するもの」であるということを受け入れ、それを投資家に理解してもらう努力をするべきでしょう。高い分配金を出すためにリスクの高い運用が行われる傾向があることや、商品が複雑化して値動きの理由がわかりにくくなっていることも問題だと思います。

自助努力の必要性が高まる中、資産運用にしても資産形成にしてもドキドキを楽しむというより、生活の一部として「当たり前」のことになる必要があります。安心して続けられるためには、地味だけれども信頼できる道具（商品）を選んでいただきたいと思います。

金融商品に限らず、ロングセラー商品は「シンプル」で「退屈なもの」がほとんどです。ぜひ、そんな商品を探し出してください。

11 新三種の神器「金融力」を身につける

私は、グローバル化した社会において、「語学力」「ＩＴ力」「金融力」が安定した生活を手に入れる「新三種の神器」だと思っています。

私が考える「金融力」とは、お金儲けではなく、「お金との付き合い方を知り、人生を切り拓《ひら》くための道具としてお金を使いこなす力」のことです。

金融広報中央委員会が主催する子ども向けの勉強会に参加しましたが、そこでは「金融力はライフデザイン、キャリアデザインに活用でき、世の中や社会を読む力が養われるものであり、子どものときから勉強することが大切」という話がありました。

進学、就職、転職、結婚など、人生にはいろいろな局面で選択を迫られる場面があります。何かと引き換えに何かを得るということは、「価値を判断し、選択する」ということです。それまでの経験に加え、「金融の知識」が少しでもあれば、その価値判断にきっと役立つはずです。

投資というと、いまだに多くの人は「賭博」や「投機」「マネーゲーム」といったイメージを持っています。我々がお子さんを対象に「30年後の自分」というテーマで絵画を募集した際には、初日にクレームの電話が入りました。「子どもを投資に誘導するとは、とんでもない」という抗議です。

金融教育というと、「投機を教えるのか」「マネーゲームに巻き込むのか」といった批判が起きるのは、おそらく日本だけではないでしょうか。海外では、金融教育が資産運用に必要なものというだけではなく、社会生活を送るために重要な教育であることが認識されています。

マスコミではほとんど触れられませんでしたが、2012年6月にメキシコのロスカボスで行われたG20サミットでも「金融教育」が取り上げられました。首脳宣言には、「金融教育を推進するためのツールを提供し、次回のサミットに進捗《しんちょく》報告書を提出するよう求める」といった声明が盛り込まれています。

金融教育は新興国を含む多くの国で共有されている課題であり、金融リテラシーは生活者にとっての重要な社会生活技術だとの認識が強くなっているのです。

英国では学習指導要領に金融教育が組み込まれていますし、米国ではサブプライム問題が金融知識に乏しい低所得者への過剰な住宅ローンの貸し込みが発端であったとの認識から、金融教育の充実を図るための大統領諮問委員会が設置されました。世界各国が国家戦略として金融教育の普及に取り組んでいます。

また近年、先進国では金融工学などを駆使した金融商品や金融サービスが多様化・複雑化・ブラックボックス化しており、日本でも信用リスクの高いハイイールド債やエマージング通貨・債券が組み込まれた投資信託が広く取り扱われるようになりました。ＦＸでは元金の何倍もの数量を簡単に取り引きでき、デリバティブを内包した預金、投信、仕組み債なども一般的になりつつあります。

販売者側への規制を強化すればいいという声もありますが、規制強化を推進して栄えた業界はありませんし、規制にも限界があります。

日本では「金融なんか知らなくても生きていける」との声をよく聞きますが、私たち金融関係者から見れば、驚くほど単純な金融詐欺で被害に遭う方が後を絶ちません。また、多重債務問題もあります。

老後の生活を支える年金については確定拠出年金が主流となり、自分で年金運用の意思決定を行う範囲が拡大していきますし、大切な退職金の運用にも金融の知識が欠かせません。生命保険や住宅ローンについての知識も生活に直結します。

クルマを買えば、すべての人が自動車保険に加入しますが、それは「入らなければいけない」からです。投資信託は、けっして「買わなくてはいけない」というものではありませんが、自助努力の必要性が高まるなかで一定の成果を得るには、少なくとも「金融の知識」が必要なのです。

我々は、「次世代育成の資金循環を考える委員会」の設置を呼びかけ、公益財団法人、民間企業、シンクタンクなどの民間有識者のメンバーとともに議論を重ねてきました。2012年9月には中間報告をまとめ、そこには金融に関するリテラシーを早い段階から身につけるのが望ましいこと、企業や投資を通して見えてくる社会との対話により実感ある金融教育の実現を目指したいといった内容を盛り込んでいます。また、英国の「チャイルド・トラスト（現ジュニアISA制度）」をモデルに、親子でお金について考えるきっかけになるような未成年のための特別な口座を、国の制度として整備するよう提言しています。

世界経済や日本経済、資本主義について親も子も理解するようになれば、子どもの職業や就職する企業について親子が一緒に考え、そのために身につけるべきことや教育について家族で大いに話し合えるようになるのではないかと期待しています。

あとがき

私は大学卒業後、山一證券に入社し、支店営業、営業企画、機関投資家向け債券営業の仕事を経てメリルリンチ日本証券の設立にも携わり、同社に転職しました。そして、日々の業務を続ける中、ずっと心に秘めていた思いは、「お客様の立場に立って金融サービスを提供する」、そして、もっと社会の役に立つ金融を実現するために、「独立して証券会社を起業しよう」ということでした。

私が30代半ば〜後半だった頃、当時は山一證券や長銀の破綻、りそな銀行の実質国有化などが立て続けに起こり、金融が暗い時期でした。私は金融を変えたい、その金融を通じて日本の社会をよくするために貢献をしたいと考えるようになり、証券会社をつくる夢を実行に移すことを模索していました。

渋澤健《しぶさわけん》（現コモンズ投信会長）から相談があったのは、そんな時期、2005年頃のことでした。彼は「直販の運用会社を立ち上げて長期投資のファンドで個人のお客様に良質なサービスを提供したい」という思いを私に話してくれたのです。

「ぜひやってほしい」。私は渋澤に答えました。「私は証券会社をやりたいが、『売りたい商品』

がない。渋澤さんがファンドを設定したら、私が責任をもって販売するから、ぜひ頑張ってほしい」。互いの思いを何度もぶつけ合い、私たちは意気投合したのです。

それから毎週ミーティングを重ね、どんなファンドをつくり、どう売っていくかを議論しました。突き詰めていくと、「彼がやりたいこと」と「私がやりたいこと」はまったく同じで、「お客様サイドに立った金融をつくること」「長期投資を実現できるロングセラーのファンドを育てること」だったのです。

「同じ山を登るのなら一緒にやろう」という結論になったのは、思えば自然の成り行きだったのかもしれません。

渋澤は販売会社を通さない直販投信という形を描いており、私も、自分たちが運用するファンドを自分たちで販売する直販なら、商品と投資家、企業を結ぶ役割を果たす存在として好ましいと思いました。

当時トップアナリストとしても活躍し、コンサルティング会社を起業していた佐藤明もミーティングに加わりました。佐藤は「企業の30年後を予測する30年企業レポートを書きたかった。でも読んでくれる人がいるだろうかと悩んでいた」と言います。私たちの「30年目線」というコンセプトにぴったりの人でした。

そしてファンドマネージャーを託したのは、米国大手運用会社キャピタルグループなどに在籍していたこともあり、日本で最も運用経験の長いファンドマネージャーのひとりである吉野永之助です。吉野はリタイアを決めたあとでしたが、「お客様の立場に立った金融サービスが日本でもできるなら、ぜひ僕もやってみたい。お手伝いしましょう」と言ってくれたのです。

会社は3億6000万円の資本金で始めましたが、大手企業の創業者や外資系金融機関の会長といった方々が、ポケットマネーで出資してくださいました。みな、既存の金融に対してストレスを感じており、日本には長期資本がないことを憂慮しておられたのです。そして我々の理念に賛同し、「これまでの金融サービスには改善すべき点が多い。本気でやるなら応援する」と言ってくださいました。さらに、同世代の金融業界の仲間たちも、「応援するよ」と出資をしてくれました。

こうして生まれたのが、コモンズ投信です。

証券会社に勤務していたとき、地方企業の会長で数十億円の資産を持つ方から、「お金の使い方を教えてくれ」と言われたことがあります。美味しいものや旅行といった消費ではなく、「自己実現や社会貢献といったお金の使い方の提案をしてほしい」と言われたのです。

当時、そのようなノウハウは持ち合わせておらず、ご希望にお応えすることなどできませんでした。「だから金融はダメなのだ」と、会長からはお叱りを受けました。

思えばそのとおりです。お金を増やすのは「目的」があるからであり、その前提に立てば、

「使い方」のご提案も金融機関の業務の一環であるべきです。これまでは、「これが儲かります」という金融サービスも通用しましたが、経済が成熟し価値観が多様化した現在では、単にお金を増やすだけでは満足な金融サービスとは言えなくなっているのです。

我々は、まだまだ運用資産規模も大きくはありません。役職員の給料も安いですが、それぞれの分野のスペシャリストで、日本の金融サービスを変えようという強い思いを持ったスタッフが、少数精鋭で頑張ってくれています。ブランド力のある金融機関とは違い、私たちは匍匐《ほふく》前進しているような状況ですが、やっていることには自信があります。

正直に言えばつらいこともありますが、儲けてやろうではなく、「日本の経済やお客様の役に立ちたい」「金融を変えたい」という思いと、日本全国のお客様からの熱い声援とご支援によって支えられています。

感謝の気持ちをエネルギーとして、今後も大いにチャレンジを続けてまいります。皆様からのご指導、ご鞭撻に心から感謝いたします。

2013年4月

著者

伊井哲朗（いい・てつろう）
コモンズ投信株式会社代表取締役社長兼運用責任者。
1960年、愛知県生まれ。1984年、関西学院大学法学部政治学科卒業後、山一證券入社。営業企画部において、データベースマーケティングの導入、商品戦略の企画立案、部門別管理会計の導入、日本証券業協会・旧大蔵省の折衝窓口、格付け機関への対応、機関投資家向け債券セールスなどを担当。メリルリンチ日本証券（現三菱ＵＦＪメリルリンチPB証券）の立ち上げに参画し、入社後はミドルマーケット及びウェルスマネジメント業務を経験。2008年よりコモンズ投信代表取締役社長。2012年より運用責任者を兼務。

「普通《ふつう》の人《ひと》」が「日本株《にほんかぶ》」で年《ねん》７％のリターンを得《え》るただひとつの方法《ほうほう》

2013年5月8日　第１刷発行

著　者　伊井哲朗《いいてつろう》
発行者　鈴木 哲
発行所　株式会社講談社
東京都文京区音羽２-12-21　〒112-8001
電話　編集部　03-5395-3522
販売部　03-5395-3622
業務部　03-5395-3615
装　幀　next door design
印刷所　豊国印刷株式会社
製本所　株式会社国宝社
本文データ制作　講談社デジタル製作部

ISBN978-4-06-218329-1　N.D.C.330　206p　19cm